# LA VIE EST UN JEU

JULIEN COHEN

# LA VIE EST UN JEU

Robert
Laffont

ISBN 978-2-221-24201-8
Dépôt légal : juin 2019

*Fais de ta vie un rêve, et d'un rêve, une réalité.*

Antoine de Saint-Exupéry

## *Affaire conclue !*

Je me souviens de cette journée ensoleillée de juin 2017. Je pars à la rencontre de mes futurs partenaires d'« Affaire conclue », avant le tournage du premier numéro. L'émission mettra en scène des acheteurs (brocanteurs, antiquaires, collectionneurs), apparaissant à l'écran par groupe de cinq. Je fais la connaissance de Pierre-Jean, François, Bernard, Alain, et retrouve Alexandra après « Storage Wars », un programme télévisé auquel nous avions participé tous les deux un an et demi auparavant. Elle est devenue ma sœur de cœur, moi qui ai deux frères. Pierre-Jean Chalençon, alias l'Empereur, est le spécialiste ultime de Napoléon – Napoléon Ier, le seul, l'unique à ses yeux. À notre premier échange, je sens qu'on va bien se marrer, qu'il va être mon complice dans la déconne. On souligne souvent sa ressemblance avec Michel Polnareff, mais il porte tant d'or sur lui qu'on a l'impression, à ses côtés, de se tenir auprès de Toutankhamon !

Bernard est très discret, très doux, très humain, et c'est agréable de pouvoir compter sur lui. François est un puriste qui travaille au premier degré de la broque :

de père en fils, il fait les vide-maisons. Il assure une nouvelle vie à de nombreux objets, après leur avoir offert une vraie mise en beauté. Alain est enthousiaste et montre qu'il souhaite donner de la voix pour sa boutique ; il a toujours le petit mot pour rire. Ce jour-là, Anne-Catherine est, hélas, absente, elle est à Londres – elle navigue entre l'Angleterre et la France ; je découvrirai très vite son chic british et sa chaleur du Nord. J'ai tout de suite le sentiment que le casting est excellent : l'ensemble de la profession des brocanteurs est représenté, avec toutes les sensibilités, toutes les époques, tous les courants. Chacun a vraiment envie que l'émission soit un succès.

Lorsque nous tournons les premières émissions, dès que les enchères commencent, il n'y a plus d'amitié entre nous ! Nous nous taquinons, nous jouons avec nos limites respectives, mais une chose est sûre : chacun veut les meilleurs objets. L'adrénaline est notre moteur à tous ! Quoi de plus excitant que de batailler pour acquérir son coup de cœur face à d'autres passionnés ? La complicité que je développe avec les autres acheteurs participe évidemment de mon enthousiasme au sein de l'émission. Mais que serait notre amour des objets sans les histoires de toutes celles et tous ceux qui viennent nous les présenter ? Ces objets sont autant de fenêtres sur des moments essentiels de leur existence. Certains tournages nous ont véritablement marqués, parce qu'ils nous ont emmenés à la rencontre de gens qui se battent face aux aléas de la vie.

Je me souviens d'Axel, qui a dix-neuf ans. Il est beau gosse, blond aux yeux bleus. Il vient nous vendre une machine à écrire, un modèle tout ce qu'il y a de plus basique. Elle ne vaut qu'une dizaine d'euros, c'est-à-dire ce que l'on donne d'ordinaire au tout début des enchères. C'est alors qu'Axel nous raconte son histoire à lui ; il vient nous voir parce qu'il veut faire un clin d'œil à son frère, pompier de Paris, qui a eu un grave accident. Il est immobilisé dans un lit, il ne peut plus marcher. On ne sait pas encore comment vont se passer ses prochains mois. Nous sommes bouleversés. Les enchères démarrent. Dans ces cas-là, nous sommes tous enclins à dépasser l'expertise, d'instinct, même si celle-ci est tenue secrète. Alexandra est souvent très généreuse. Je remporte la machine à écrire pour six cents euros, mais ça n'est pas le plus important. Dès que le tournage de la séquence est terminé, nous nous réunissons pour réaliser une vidéo à l'intention du frère d'Axel. Nous lui disons que nous avons envie de le voir sur le plateau d'« Affaire conclue » en train de marcher, que nous lui envoyons tout notre courage pour traverser cette terrible épreuve. J'espère qu'il va beaucoup mieux aujourd'hui, nous l'attendons toujours sur le plateau !

Je me souviens aussi d'une femme et de son jeune frère, venus nous présenter une pièce de manège. Leur fratrie est issue d'une famille recomposée et les deux parents de ce jeune garçon sont récemment disparus. Cette femme a désormais la charge de son petit frère et elle vient vendre un objet de la collection de ses parents pour faire face à la situation. Le jeune garçon est un cavalier émérite ; il explique que l'équitation, c'est toute sa vie et que, suite à la disparition de ses parents, il est très probable qu'il ne pourra plus monter, compte tenu du coût de cette activité. Nous allons surenchérir bien au-delà de l'estimation. Les mercis et les sourires de ce jeune cavalier et de sa grande sœur sont notre récompense !

Nous avons aussi la chance de découvrir des objets magnifiques, qui nous font vibrer, et que l'on a envie de vendre en boutique ou d'offrir aux gens que l'on aime. Ce que j'adore par-dessus tout, c'est offrir à Karine, ma femme depuis vingt ans, des objets que j'achète dans l'émission – je crois que vous l'avez compris… J'adore l'idée de rentrer chez moi et de lui tendre un petit paquet, juste comme ça. Mais, pour tout vous dire, Karine préférera toujours un panier rempli de champignons que je serai allé amoureusement cueillir dans les bois plutôt qu'un bijou, quel qu'il soit. C'est bien simple : elle ne porte en fait aucun bijou et elle adore les poêlées de champignons ! Pourtant je ne peux pas m'en empêcher, j'espère toujours trouver la pièce qui lui plaira. J'ai cru y être arrivé sur le plateau de l'émission. Parfois, nous découvrons un objet une ou deux minutes avant le début de la séquence qui lui est consacrée et nous avons le temps, en cas de coup de cœur, de doute, d'échanger avec nos clients potentiels, nos experts, afin de savoir ce qu'ils en pensent, mais aussi avec nos proches.

Ainsi, cette fois-là, nous est présentée une très belle broche du second Empire. Je la trouve magnifique et je pense qu'elle pourrait plaire à Karine. Je lui envoie la photo ; elle me dit qu'elle la trouve jolie. Ni une ni deux, je fonce ! Mais, de son côté, Pierre-Jean a envoyé cette photo… à sa mère ! Souvent, Pierre-Jean et moi sommes en concurrence pour les deux femmes de nos vies. Nous enchérissons tous les deux et notre vendeuse est ravie de la tournure que prennent les événements. Je finis par emporter la broche pour Karine ; lorsque je la lui présente, elle m'avoue qu'elle la trouvait simplement jolie et pensait qu'elle était destinée à ma boutique. Ma femme, comme à son habitude, me remerciera de cette attention, me dira qu'elle est très touchée, mais que ce n'est pas pour elle. Bien sûr, elle sait que je peux vendre le bijou et c'est ce que je ferai.

Aussi, et cela arrive très souvent, je peux laisser libre cours à mes envies de transformation d'objet, cette approche que je mets en œuvre depuis tant d'années. Je me souviens d'un jeune homme venu nous présenter une torpille-sonar de bateau. Objet rare et atypique s'il en est. Très imposante, elle fait plus de deux mètres de haut. Elle n'a aucune utilité à proprement parler, si ce n'est qu'elle promet une décoration étonnante. Tel quel, l'objet est peu désirable : jaune et gris sale, il ne suscite pas un grand intérêt chez mes camarades. Pourtant, dès que je le vois, je l'imagine tout de suite reconverti en luminaire extraordinaire, repeint d'un noir élégant, percé de tout son long de minuscules trous. Je vais donc me retrouver à acheter cet objet et mettre mon plan à exécution. Je sollicite mon carrossier, qui n'a jamais travaillé ce type de matériau, mais qui voit exactement où je veux en venir. Il réalise un objet comme je le rêvais et, visiblement, le résultat plaît, puisqu'il sera vendu en boutique avant même la diffusion de l'émission.

La brocante, c'est aussi l'art de l'intuition : voir ce que d'autres ne voient pas. Imaginer ce qui n'existe pas encore. J'ai le bonheur de pouvoir découvrir ainsi, tout au long des journées de tournage, des objets par dizaines. Même quand on les a déjà croisés, on découvre en eux une subtilité que l'on ne connaît pas, une couleur rare ou un détail incongru. J'évalue d'un coup d'œil la qualité d'une pièce, je scrute les égrenures d'un vase, j'aime aussi toucher un bronze, sa qualité.

Avant de nous retrouver sur le plateau et de nous confronter dans la joie et la bonne humeur, nous passons entre les mains expertes de maquilleurs et de maquilleuses. Comme un objet subit des modifications pour être mis en valeur, je me laisse pomponner. Immanquablement, je fais face à mon reflet dans le miroir. J'ai quelques rides autour des yeux et d'autres au coin des lèvres. Je ne le vis pas mal : ce sont les traces de mon parcours. Lorsque je transforme un objet, je n'oublie jamais de conserver son essence – le modifier, oui, le dénaturer, non. Je pense aux différentes étapes de mon parcours et je me sens reconnaissant. Enfant, je n'imaginais pas la vie que je mène aujourd'hui, même si j'espérais qu'elle serait aussi riche et variée, aussi passionnée. Si je n'ai pas (encore) accompli tous mes rêves d'enfant, je dois dire que j'ai été gâté par le sort.

Ma vie a toujours été une succession d'événements tantôt inattendus, tantôt mûrement réfléchis. Les passions, qu'elles soient amoureuses ou professionnelles, ont dicté mon comportement depuis mon plus jeune âge. Si j'ai évolué dans la régie publicitaire et dans les télécoms, si mes sociétés ont été introduites en Bourse par deux fois, si je continue de travailler dans l'immobilier et à la tête de ma société de coursiers, mon quotidien a toujours été occupé, habité, *envahi* par les objets, et mes jours guidés par le plaisir de chiner. Grâce à mes boutiques, grâce à « Affaire conclue », je peux poursuivre l'un des enjeux de mon existence : sublimer des objets qui ont jalonné le parcours de certaines personnes, les faire entrer dans la vie d'autres et, de main en main, leur permettre de traverser les années, les époques.

Au fil de mon parcours professionnel, qu'il s'agisse de la broque ou de mes premières carrières, il m'a fallu batailler contre des concurrents, faire face à d'immenses enjeux, remonter en selle après d'énormes déconvenues et même repartir de zéro. Aussi fou que cela puisse paraître, j'ai toujours pensé que j'y arriverais. Mon esprit d'entreprise ne m'a jamais quitté, parce que j'ai une chance incroyable : travail et plaisir sont indissociables pour moi. Pour moi, la vie est un jeu, et la chance, une alliée. Cette chance, je veux la partager avec vous dans ce livre.

# I

## Une pluie d'écussons

Depuis toujours, mes parents sont un exemple pour moi : ils m'ont *montré* que tout est possible pour ceux qui travaillent et qui n'abandonnent jamais. Pendant plus de soixante ans, ma mère et mon père ont été partenaires dans le business comme dans la vie. Ils ont traversé tant de choses ensemble, passé une à une tant d'étapes, qu'il m'est difficile d'en faire le récit complet, mais je sais exactement d'où ils viennent, le chemin qu'ils ont parcouru pour nous offrir une enfance heureuse, à l'abri des difficultés, dans le plus grand confort matériel.

À ma naissance en 1966, nous habitons un petit pavillon à Frétigny, en Eure-et-Loir. Quelques années plus tard, nous vivons dans un appartement de trois cents mètres carrés, à deux pas de la tour Eiffel. Entre-temps, mon père a mis au point un procédé révolutionnaire : l'écusson thermocollant. Un article publicitaire intitulé « Vogue du motif pop » explique très bien de quoi il s'agit : « Les femmes aiment beaucoup orner leur linge ou leurs vêtements de broderies, initiales, petits motifs. C'est en faisant cette remarque que Jean-Pierre Cohen, qui débuta il y a quelques années dans la vente en gros du linge de maison, eut l'idée de mettre ces broderies à la portée de toutes. Pour abaisser leur prix, il lui vint l'idée de remplacer le travail long, difficile et fastidieux de la broderie par un simple collage du motif sur le tissu. Pour cela, il créa en 1964 la société B. U. T. Aujourd'hui, B. U. T. possède une usine de mille deux cents mètres carrés et emploie deux cents personnes. B. U. T. produit deux millions de motifs "Pop" par mois et fabrique les presses à thermocoller qui permettent aux industriels de l'habillement de fixer les motifs. Ces motifs sont extrêmement variés et sont appliqués sur des tee-shirts, des robes, des pull-overs, des chapeaux, du linge de maison, des chaussures, des jouets. Ils s'introduisent sur les marchés de la décoration : luminaires, rideaux, meubles de camping, emballages de luxe, etc.». Ces trois lettres, B.U.T., Broderies universelles thermocollées, permettront à nos parents d'offrir le meilleur à leurs trois garçons : Jean-Jacques, l'aîné, Olivier, le benjamin, et moi, le fils cadet.

Après mes années de maternelle à l'école de Frétigny, je passe ma scolarité à Paris, à quelques stations de métro de notre extraordinaire appartement. En entrant chez nous, on découvre un long, très long couloir, d'une douzaine de mètres et de plus de trois mètres de large, avec une hauteur sous plafond impressionnante. Lorsqu'on est enfant, tout paraît plus grand. Mais, dans notre cas, le plus étonnant, ce n'est pas seulement les dimensions, mais le fait que ce couloir soit entièrement vide, ou presque : il n'y a pas un meuble, pas un bibelot, pas le moindre vase… seule une table de ping-pong trône en plein milieu de l'entrée ! C'est là qu'ont lieu toutes nos parties : en plus des balles, les raquettes volent souvent très haut ! Autant dire qu'il est bien trop dangereux d'exposer quoi que ce soit dans cet espace. Une table de ping-pong, c'est le prérequis de la famille Cohen. Où que l'on soit, on en trouve une. La famille est composée de gros joueurs, et je ne fais pas exception à la règle. Au cours de ma vie, je jouerai beaucoup, et s'il m'arrivera de connaître d'incroyables coups de chance (comme mes camarades d'« Affaire conclue » le constatent régulièrement), il y aura aussi de vrais coups durs.

Cette table de ping-pong en plein cœur de l'appartement exprime tout à fait la liberté dont nous jouissons, mes frères et moi. Nos parents nous élèvent d'une façon très *rock'n'roll*. Il faut dire, par exemple, que nous pouvons sans problème dessiner sur les murs de nos toilettes – d'ailleurs, on ne s'en prive pas. Pour développer leur entreprise, maintenir les liens commerciaux, dénicher de nouvelles avancées technologiques, ils voyagent énormément, que ce soit à travers l'Europe ou aux États-Unis. Il est vrai qu'ils ne sont pas forcément très présents au quotidien, même si c'est pour nous, pour nous assurer une enfance qui ne ressemble en rien à celle qu'ils ont connue, qu'ils travaillent aussi dur.

## Histoires de famille

Mon père a vu le jour et grandi en Tunisie, alors que son propre paternel occupait un poste administratif au sein d'un grand magasin, du type des Galeries Lafayette. Quand il arrive sur le marché du travail, très jeune, il décide, lui, d'être au contact du client. Dans une enseigne de meubles. Il travaille son éloquence au sein d'une troupe de théâtre et ne perdra jamais le goût de la mise en scène, ni le sens du spectacle. Il est si doué dans ses rayons qu'on le repère et qu'on lui propose de venir en France pour vendre des trousseaux composés de vêtements, de dessous, de linge de maison – ces trousseaux, brodés et personnalisés, sont souvent offerts à de jeunes couples comme cadeaux de mariage. S'il accepte la proposition, une voiture Citroën sera mise à sa disposition pour qu'il voyage aux quatre coins de la France. Est-il intéressé ? Il ne faut pas le lui dire deux fois. Mon père arrive en France en 1956, il a seulement vingt-deux ans. Il a quitté son pays, il est loin des siens, mais il veut construire un patrimoine pour la famille qu'il espère fonder. Il ne sait pas encore que sa réussite ira bien au-delà de ses espérances…

Dans notre appartement, la cuisine est bien sûr le lieu de réunion de notre clan. Parfois, mon père, ce magicien, revient de je-ne-sais-où avec des cerises fraîches, en plein hiver. Souvent, lorsque nous rentrons de l'école, notre grand-mère maternelle, Victoria, est là, attablée, elle nous attend. Elle habite à quelques centaines de mètres de chez nous et nous passons beaucoup de temps ensemble – elle sera, pour mes frères et moi, une figure très importante. Elle a forgé mon goût pour l'effort et le travail. Avant d'arriver en France, ma grand-mère Victoria, que j'appelle Mamika, est née en Turquie et a été élevée par des bonnes sœurs allemandes. C'est à leur contact qu'elle a appris l'allemand et c'est ce qui l'a sauvée, a sauvé ma mère, a permis à notre fratrie d'exister. Le jour de la rafle du Vél d'Hiv, le 16 juillet 1942, quand un policier français a frappé à sa porte, ma grand-mère s'est mise à lui parler en allemand – elle a même évoqué Goethe, m'a-t-elle raconté. Le policier, décontenancé, lui a dit qu'il reviendrait une heure plus tard. Une heure après, toute la famille était partie. Ma mère a été placée, avec sa sœur, dans un pensionnat de religieuses, espagnoles cette fois. L'histoire lui a volé son enfance, comme à tant d'autres petits cachés par leurs familles pour échapper à la Shoah. Elle sortira de la guerre avec un immense désir de vivre, de profiter de chaque instant comme si c'était le dernier.

Au sortir de l'adolescence, ma mère commence à travailler pour la filature créée par ma grand-mère, au sein de chambres de bonne qu'elle réussit peu à peu à acheter. Ma grand-mère dirige cet atelier avec une grande sévérité : même la contremaîtresse est plus coulante avec ma mère et sa cousine, elle aussi ouvrière. Toutefois, grâce à cet apprentissage de qualité, ma mère entre chez le couturier Carven. Elle devient vendeuse à son tour, pour les «jeunes filles à particule», comme elle le dit elle-même. En 1956, elle a vingt-deux ans. Elle passe quelques jours de vacances dans la Creuse, non loin d'Aubusson, cette ville mondialement connue pour ses somptueuses tapisseries. Depuis la fin de la guerre, son père démarche de porte en porte pour vendre des coupons de tissu. Après des années de privation, les gens ont besoin de nouveaux vêtements. Il rencontre un jeune homme, Jean-Pierre, qui, lui, roule de village en village pour vendre des trousseaux. Ils sympathisent immédiatement.

Un soir, des amis proposent à ma mère d'aller au cinéma, mais ils doivent finalement décommander. Qu'elle se rassure, d'autres vont prendre la relève. Parmi ceux-là, Jean-Pierre, que son père a déjà rencontré. Elle pose les yeux sur lui et le coup de foudre est immédiat.

Ils se rendent tous au cinéma en traction avant, véhicule très rare à l'époque. Mon père connaît l'effet produit… Lorsqu'ils rejoignent la file d'attente, il y a beaucoup de monde devant la caisse. Soudain, mon père annonce à la cantonade : «Je paie toutes les places, à tous les gens qui sont là.» Qui est ce drôle de bonhomme ? ont dû penser ceux qui étaient présents. Il est applaudi à tout rompre lorsqu'il se dirige vers le guichet et invite effectivement l'ensemble de la foule. Ma mère dit qu'elle a fait ce jour-là la plus belle rencontre de son existence. Je crois que mes parents ont chacun reconnu, l'un chez l'autre, le et la partenaire qu'ils espéraient.

Mais, mon père doit repartir : ses trousseaux l'attendent. Sur les routes de campagne, dans le sud de la France, il doit déployer son bagout de ferme en ferme. Mes parents s'écrivent en poste restante durant plusieurs mois. Ils se retrouveront puis se marieront, moins d'un an après leur rencontre, en avril 1957. Durant plus de huit ans, ils vont être en mouvement, toujours en vadrouille. Ils partent sur la nationale 7, direction Nice dans leur 2 CV, à leur compte, désormais. Mon père a une idée par jour, si ce n'est par minute – je sais de qui je tiens. Ma mère écoute tout ce que peut proposer son époux, et l'aide à trier, sélectionner, mettre en forme. Comme de nombreuses femmes à l'époque, elle est dans l'ombre de son mari, ce qui ne veut pas dire que mon père ne la valorise pas, simplement qu'il n'est pas (encore) d'usage pour une femme d'être aussi bien socialement considérée qu'un homme… Pourtant, leur réussite naîtra de leurs forces conjuguées.

Au fil des ans, ma grand-mère Victoria revend l'ensemble des chambres de bonne qui ont abrité la filature pour acquérir un appartement et l'offrir à ma mère. Pour mes grands-parents, il s'agit d'une assurance : leur fille aura toujours un toit sur la tête, quoi qu'il arrive. Ma mère sait combien un toit est important, mais elle sait aussi que cet appartement peut présenter d'autres garanties. Elle le vend afin de se constituer un capital à investir dans les entreprises qu'elle monte avec mon père. À eux deux, ils sont prêts à se lancer sur la route du succès. S'ils parviennent à créer différents business, toujours dans la vente, toujours sur les routes, ils n'arrivent pas à avoir des enfants tout de suite. Je sais que c'est assez douloureux pour eux, mais ces années sans enfants leur permettent à la fois d'apprendre à mieux se connaître et aussi à roder plusieurs affaires avant la bonne, B.U.T. Il était temps : leurs derniers deniers serviront à fonder la société.

Car une bonne idée ne suffit pas, il faut travailler à la mettre en œuvre, à l'optimiser. Pour perfectionner au mieux leurs écussons thermocollants, ils doivent en passer par l'étape des tests en tout genre. La fabrication des écussons nécessite l'utilisation de solvants – mes parents ont obligation de s'installer à plus de cent quarante kilomètres de Paris. Ils ont maintenant une bonne connaissance de la France, qu'ils ont sillonnée en long et en large. Ils investissent l'ancienne école de Frétigny, un village de deux cent quatre-vingts habitants. Ils vont pouvoir la transformer en une gigantesque usine. Mon frère Jean-Jacques naît en 1965, en même temps que B. U. T. Plus de deux ans se passent avant que les tests ne soient concluants. Je nais entretemps, en 1966. Lorsque Olivier naît à son tour, en 1968, B. U. T. connaît d'ores et déjà la prospérité.

## Nos quatre cents coups à Frétigny

Une fois que notre famille gagne Paris, nous continuons de nous rendre, pendant les week-ends et vacances, à Frétigny. Là, nos parents ont fait l'acquisition d'un plus grand terrain, notamment pour nous offrir le luxe ultime d'une piscine. Notre maison est toute proche des lotissements construits pour les ouvriers. Près de six cents d'entre eux y logeront au fil des années avec leurs familles. Notre âne, Z, mâchonne de l'herbe dans notre champ. Nous sommes gâtés. Que ce soit à Paris ou à Frétigny, nous avons le droit, comme les fleurs de notre jardin, de pousser comme bon nous semble. Nos parents nous fournissent tout ce dont peuvent rêver de jeunes garçons, voire plus : nous possédons de vrais carabines à plomb 4.5 ! Ce n'est sans doute pas la meilleure idée d'offrir des armes à feu aux trois garçons turbulents que nous sommes… Mes frères et moi nous postons face aux oiseaux du domaine, et nous attendons. Avant de tirer. Au bout d'un certain temps, plus aucun oiseau ne survole notre maison. Nous poussons plus loin encore les bêtises, puisque nous visons les câbles électriques. À plusieurs reprises, notre village se retrouve plongé dans le noir par notre faute. Bien sûr, nous sifflotons l'air de rien. Nous ne nous sommes jamais fait prendre – je pense qu'il y a prescription désormais.

Frétigny est aussi le cadre, pour moi, de formidables premiers souvenirs d'Intervillages, notre version à nous d'« Intervilles », les vachettes en moins. Le décor de cette kermesse est parfait, une véritable image d'Épinal : une piscine de plastique noir accueille de petites pommes et il faut les attraper à la bouche pour remporter un lot ; on peut s'essayer au tir aux pigeons ; des stands vendent des friandises ; un bal se déploie en fin de soirée dans le champ de mes parents. Parfois, le début de la journée est encore plus explosif que la fin. D'énormes ballots de paille dissimulent les grosses machines qui lancent les pigeons d'argile. Mes frères et moi jouons déjà avec des pétards ; Jean-Jacques nous dit qu'il veut faire exploser un gros cobra dans la paille. En bons petits frères dociles (et crapuleux), Olivier et moi le suivons. Le feu prend très rapidement, les ballots sont épais. Les pompiers arrivent vite, heureusement. Les enfants terribles du village, c'est nous. J'en ai beaucoup ri à l'époque, mais aujourd'hui que j'ai des enfants, je ne suis vraiment pas très fier…

Nous nous retrouvons parfois dans des situations qui auraient pu mal tourner. Un jour que nous jouons à quatre avec nos carabines, en compagnie du fils de l'une des salariées de l'usine, je sens quelque chose me picoter à la commissure des lèvres. En passant ma langue dessus, je réalise que c'est une balle de plomb qui s'est logée à cet endroit. Oui, une balle. Le coup est parti si vite que je n'ai même pas senti l'impact. Je laisse mes petits camarades et décide d'aller voir Paulette, qui se charge, aux côtés de mes parents, de nous élever. Ma blessure n'est pas visible. Je lui demande, l'air de rien, avec un léger zézaiement : « Dis-moi, Paulette, si l'on reçoit une flèche dans la bouche, est-ce que c'est grave ? » Paulette, pourtant habituée à nos frasques, semble un peu déroutée par cette question et répond tout de suite que, oui, c'est grave, une flèche dans la bouche. « Et une balle de fusil, on en meurt ? » Elle de répondre, paniquée :

« Oui, c'est très grave, oui, on peut en mourir. » Je tente alors de conserver mon aplomb et lui dis le plus naturellement possible : « Dis-moi, Paulette, appelle mes parents, s'il te plaît. » Je ne sais toujours pas qui m'a tiré dessus. Ma mère aussi aimerait le savoir. Mais je crois qu'elle a compris que les frères Cohen ne livrent jamais toutes leurs vérités – surtout quand ils ne la connaissent pas eux-mêmes !

Il arrive toutefois que notre mère décide de nous mettre à l'épreuve. En 1976, j'ai dix ans et c'est l'été de la grande canicule. Je m'en souviens comme si c'était hier. Elle pointe du doigt une grille d'une trentaine de mètres qui court le long de notre maison et nous demande, à mes frères et à moi, si nous sommes prêts à la repeindre. Les barreaux sont en creux, d'un vieil orange sale, l'antirouille n'a pas fait son œuvre. Mauvais investissement à l'époque pour eux, excellent investissement pour nous : ma mère promet cinq cents francs aux courageux que nous sommes si nous nous acquittons de cette corvée. Il faut bien le dire, la tâche s'annonce titanesque.

Je me rassure, nous sommes trois, nous allons y arriver. Mais, bien vite, alors que nous commençons à travailler, mes frères se désintéressent de la mission et de la récompense. Ils filent jouer et me laissent seul avec mon pinceau entre les mains. Je vois ce qui m'attend : il faut finir de décaper l'antirouille, en poser un nouveau, puis peindre en blanc. Des dizaines d'heures à racler, des milliers de coups de pinceau. Je me raisonne ; si je réalise seul ce chantier, les cinq cents francs seront intégralement à moi ! De quoi « cagnotter » pour m'offrir ce dont je rêve depuis longtemps : un Minolta reflex avec une focale de 50 millimètres – la photo est l'une de mes premières passions. Je m'accroche à cette idée, cependant j'ai l'impression que la besogne n'en finira jamais. J'entends mes frères s'amuser au bord de la piscine. Ils viennent de temps à autre me narguer, mais cela me motive presque – je répondrai à leurs provocations bien assez tôt… Évidemment, je m'offre tout de même quelques plongeons. Ma jeune volonté ne résiste pas.

L'été se passe, le chantier dure un mois et demi, presque les vacances entières. Je sais que j'aurai terminé à temps. Et à un moment donné, *j'y suis*. Tout excité, tout fier, j'appelle ma mère alors que je m'apprête à peindre le dernier barreau. Mon père est là aussi. Ils me tendent un billet de cinq cents francs – je l'attendais, celui-là ! Et ma mère me dit alors que je mérite carrément… le double ! Elle me tend un deuxième billet de cinq cents francs. À moi le Minolta ! Même si je suis aux anges, je crois que ce qui m'étonne le plus, c'est que ce soit *enfin* terminé. J'ai mené à bien cette affaire. Et, je ne le sais pas encore, ça ne sera pas ma dernière mission de transformation…

## L'usine et la salle des ventes

L'envie de mener à bien ce chantier commandé par ma mère s'inscrit dans le désir, dès mon plus jeune âge, de m'intéresser à ce qui prend une place énorme dans la vie de mes parents : le *business*. En mon for intérieur, je sais déjà que je veux me montrer à la hauteur de ce qu'ils ont construit. Je rêve très tôt de devenir le patron de leur usine, de prendre leur suite. Je développe ma curiosité et étudie toutes les techniques pour produire les écussons thermocollants. Chaque week-end, à compter de ma prime adolescence, je vais travailler dans leur usine. Je reste dans l'atelier à regarder, avec passion, les métiers à broder. Une machinerie de trente mètres de long qui s'agite, s'essouffle, mouline, c'est un sacré spectacle. Il semble que le métier vit lorsqu'il brasse les cartes perforées en carton... Nous ne sommes pas encore à l'ère numérique et nous avons besoin de ces cartes qui retranscrivent les instructions de la machine même, à travers des petits trous, à l'image des orgues de Barbarie. Ce n'est pas désagréable de traverser les allées de l'immense salle de travail. Dans mon dos, j'entends chuchoter : « C'est le fils des patrons. » Je me dirige toujours vers la presse hydraulique, la plus imposante des machines – un enfant est toujours impressionné par ce qui est grand. Sur ma petite estrade, je presse des écussons tous les week-ends. J'invente aussi des dessins, utilisés comme modèles d'écussons thermocollants après avoir été repris par un professionnel. C'est ainsi que je continue encore de fonctionner, lorsque je demande à de fantastiques artisans de donner vie à mes idées.

Avec ces écussons, mes frères et moi démarrons un petit commerce, avec l'assentiment de nos parents. Nous vendons à nos camarades de classe des écussons Lacoste, Pierre Cardin, Lee Cooper et Carven (je m'inscris dans les pas de ma mère). Nous arrivons avec nos sachets et nous les vendons à l'unité, cinq ou six francs pièce. Bientôt, lorsqu'on entre dans ma salle de classe, sur trente élèves, une bonne vingtaine porte des vêtements estampillés de la marque du crocodile alors même que leurs tee-shirts (robes, shorts, jupes ou même salopettes) ne correspondent pas du tout à la ligne de Lacoste… Eh oui, en un tour de fer à repasser, l'illusion est quasi parfaite ! Cela nous fait beaucoup rire.

De Frétigny subsiste aussi un souvenir très puissant, tout à fait fondateur : la salle des ventes de Nogent-le-Rotrou. Chaque samedi, mes parents, mes frères et moi nous rendons au marché de Nogent. Mes parents achètent à tour de bras les produits des fermiers locaux, puis nous allons à la salle des ventes examiner l'ensemble des objets qui seront mis aux enchères l'après-midi même. Lorsque nous assistons à la vente, mon père est radieux. C'est un acheteur compulsif – ne me demandez pas de qui je tiens. Il annonce ses offres d'une voix enjouée, et je vois le plaisir que l'on peut ressentir à se mettre en scène. Peu importe qu'il y ait ou non des objets qui l'intéressent, il fait son show. Parfois, c'est nous qui levons la main pour valider l'une de ses enchères. Comme Obélix, je suis tombé dedans quand j'étais petit, on ne peut pas dire le contraire… C'est dans cette salle des ventes qu'il achète la carriole à laquelle on attelle notre âne Z, pour parcourir les alentours. C'est là aussi qu'il nous offre nos premières mobylettes, mais aussi du mobilier, des bibelots, de l'art populaire (des objets d'artisanat, de métiers, du quotidien, comme des marmites en cuivre). Il fait livrer tout cela par camion parfois. Il est connu comme le loup blanc, à Nogent. Pas une vente ne se passe – pas une – sans que mon père prenne un petit ou un gros lot. Et puis, au cœur des Trente Glorieuses, l'heure est à la démesure : si on peut se permettre quelques largesses, autant le montrer. Il stocke plusieurs de ses acquisitions à l'usine, notamment de superbes machines agricoles du XIXe siècle, que j'expose désormais sur le terrain de ma maison, à la campagne – l'éternel recommencement. D'ailleurs, nous sera un jour présentée, sur le plateau d'« Affaire conclue », une immense charrette à cheval, qui peut transporter trois ou quatre personnes. Cela coûte, je le sais grâce aux achats de mon père, plus cher de la transporter que de l'acquérir. Lorsque les enchères commencent, je décide de taquiner Alexandra, ma meilleure camarade. Cela commence doucement, à cinquante euros. Je poursuis là-dessus. Et, d'un coup, elle passe à quatre cents euros. Je lui dis alors : « Je crois qu'on va rire, parce que tu vas repartir avec. » Elle de me rétorquer : « Tu ne vas pas me faire ça ? » La charrette restera huit mois à l'abri dans les locaux de la production. Mais Alexandra finira par la vendre à plus de mille euros ! Une valeur sûre à travers les années, la charrette... Ce qui a changé en revanche, ce sont les techniques d'entretien : auparavant, il fallait passer des heures à les nettoyer, avec du papier de verre, de l'antirouille puis de la peinture (comme la grille de la maison de Frétigny). Maintenant, une demi-heure d'aérogommage, de la peinture qui intègre de l'antirouille et c'est terminé. Les objets sont aussi là pour nous rappeler le temps qui passe... et les progrès qui l'accompagnent !

## II

## Un plaid *home made*

Lorsque j'arrive dans l'arène de la vie, le jeudi 12 mai 1966, je pousse un premier cri un peu éloigné de ceux que je pousserai au moment de remporter une enchère – cela arrivera bien assez tôt. Surtout, mes parents font face à une bizarrerie administrative qui ne laisse pas de me faire rire, et que j'interprète à ma façon. Ma mère souhaite que je naisse un 13, son chiffre porte-bonheur. Pourtant, elle perd les eaux la veille. Elle espère encore que je naisse le 13 lorsque je fais mon entrée à 23 h 30. Mes parents, trop heureux de s'occuper de moi, malgré ce « décalage », ne vont pas déclarer ma naissance à la mairie le vendredi. Puis, je ne sais pour quelle raison, ils pensent que l'on ne peut pas le faire un samedi et se disent qu'ils ont le week-end pour eux. Or, lorsque mon père se rend le lundi suivant à la mairie, pour inscrire le petit Julien Cohen, qui a quatre jours, sur les registres d'état civil, on lui répond que ce n'est plus possible. Oui, j'existe, c'est un fait, mais je ne suis pas leur enfant. Un enfant non identifié, une sorte d'objet rare non identifié. Un bon début, ça. Mes parents sont certes bien embêtés – ma mère, aujourd'hui encore, n'aime pas trop se remémorer cette anecdote, même si elle consent à en rire. Durant six mois, ils seront interrogés à plusieurs reprises par la police, séparément, puis ensemble. Il leur est dit et répété que c'est nécessaire ; j'ai été déclaré vingt-quatre heures trop tard, il faut bien s'assurer que je suis leur enfant pour que mon nom soit enfin inscrit sur le livret de famille. Je n'ai heureusement jamais été séparé de mes parents. En plaisantant, on se dit parfois que j'ai peut-être été échangé avec un autre bébé – je suis si différent de mes frères. Cette péripétie a tout de même laissé en moi une trace bien nette. Il faut toujours aller au bout de ce que l'on a commencé (après s'être assuré que cela mènera quelque part), et il est souvent utile de s'intéresser aux origines d'un individu… ou d'un objet. On sait alors ce par quoi il est passé, ce qu'il a traversé, pour arriver où il est.

## Visite guidée

Grâce au travail acharné de mes parents, je connais une enfance merveilleuse, dans un cadre incroyable, qui sera pour beaucoup dans ma passion naissante des objets. Notre appartement me donne la folie des grandeurs. Je rêve de posséder, quand je serai grand, un château, et d'être le père de dix enfants qui sautilleront dans les escaliers. Dans notre appartement, mes frères et moi côtoyons de magnifiques objets, et tentons de ne pas les abîmer au cours de nos incessantes bagarres. La salle de billard de mon père accueille la seule pièce de mobilier ostentatoire de la famille : le billard, de

3,10 mètres de long. En ébène massive, c'est un modèle Napoléon III, une pièce de musée, plusieurs fois primée lors de concours. Mon père se l'est offert... aux puces de Saint-Ouen. C'est un excellent joueur (mais je le concurrencerai assez vite). J'ai bien sûr conservé cette table.

À droite de notre couloir, on trouve le salon et la salle à manger, ornés de splendides moulures, avec un parquet en point de Hongrie (le parquet de Versailles). Les deux pièces communiquent entre elles par de magnifiques portes en verre. Dans le salon, je me souviens de colonnes d'albâtre et d'un papier peint psychédélique, comme seules les années 1970 ont su en produire : bleu, rouge, orange, jaune et formes étranges à gogo. À cette époque-là, cela n'avait rien d'étonnant. Qu'on aime ou qu'on n'aime pas, c'était ainsi. En revanche, je dois dire que je suis étonné de voir les prix que peuvent atteindre aujourd'hui certains objets de cette période... Souvent, les matières travaillées n'étaient pas nobles, le moulage était industriel, les objets produits en série, et pourtant ces pièces se vendent cher. J'ai vécu dedans et c'est bien suffisant à mon goût. Mais je peux aussi comprendre les nostalgiques... Peu importe l'esthétique, parfois on aime simplement ce qui nous rappelle notre jeunesse.

Dans le salon, il y a un piano, un Pleyel demi-queue, que mon père a acheté en salle des ventes. Si mes parents me voient mandarin, c'est-à-dire ponte de la médecine ou avocat (rien que ça), mon père aimerait aussi que ses fils sachent jouer du piano. Il nous inscrit au conservatoire. Hélas, le solfège nous rebute et les cours sont pour nous une épreuve – surtout quand notre professeur nous écrase les doigts à la moindre erreur.

Mes frères et moi connaissons tous les trois des difficultés en classe, et cet épisode, qui dure moins de deux semaines, est une tentative (hélas) ratée pour nous contraindre à la discipline et à l'étude.

Si nos parents adoptent d'abord des canapés en skaï blanc, typiques des années 1970, ils optent ensuite pour des Chesterfield anglais. Nous en faisons sauter quelques boutons, même si ma mère passe son temps à nous dire de faire attention et d'éviter de nous asseoir sur les accoudoirs ! Le canapé ou le fauteuil Chesterfield est un élément de décoration que je chéris tout particulièrement : j'en ai chez moi, j'en vends régulièrement et, dès que j'en vois un, j'en fais l'acquisition. Son odeur, son confort sont magnifiés, je trouve, par sa belle couleur marron dont la patine tire sur le vert. Il se fond dans tous les intérieurs, y compris ceux qui comportent une décoration moderne, et peut-être même davantage encore. Il apporte chaleur, douceur, une certaine élégance, une masculinité « à l'ancienne » – un petit côté Winston Churchill, en somme.

Devant les canapés, dans le salon, il y a une grande table ronde, en verre et en bois blanc, purement seventies, qui abrite en son cœur les bouteilles d'alcool de mes parents, grâce à un ingénieux stratagème. Chez les Cohen, on reçoit beaucoup, et les carafes de Chivas, le whisky des rois, voisinent avec d'autres liquoreux plus ou moins exotiques. Je me souviens d'une bouteille avec un crapaud à l'intérieur. Mes frères et moi y trempons un jour nos lèvres : nous comprenons illico que ce n'est pas encore pour nous (voire que ça ne le sera jamais !). Cette bouteille aurait pu trouver sa place dans un cabinet de curiosités, à côté de bocaux qui conservent des animaux dans le formol, comme des serpents et d'autres joyeusetés !

Aux murs du salon, des toiles d'artistes modernes côtoient des photos de notre famille. Et puis, il y a aussi la télé Grundig. Nous réalisons combien elle est imposante lorsque nous allons chez les copains. Plaisir suprême : malgré sa taille, le poste est posé sur roulettes et il suffit de le déplacer jusqu'à la salle à manger pour regarder nos programmes favoris en dînant. J'adore Zorro, comme nombre de garçons de mon âge. Si je suis un jour considéré comme le justicier de la brocante, je serai un homme comblé. La grande table de chêne qui nous accueille chaque soir mesure quatre mètres de long. Aux extrémités de cette table, deux trônes offrent leurs superbes assises. Mes frères et ma mère se placent autour de mon père, qui s'installe à une extrémité et, déjà, j'aime me distinguer en m'asseyant à l'autre, face à lui. Cette table est désormais dans mon entrepôt, j'espère bien lui donner une nouvelle vie. J'aime beaucoup les objets de grande envergure et j'achète souvent des tables qui ressemblent à celle-ci, la première, l'originale : elles impressionnent toujours et offrent un avant-goût des longs repas partagés en famille ou entre amis.

Lorsque nous sommes gamins, Jean-Jaques, Olivier et moi partageons la même chambre. Chaque soir, nous nous endormons après avoir parlé de tout ce qui fait la vie de trois frères. Je garde un souvenir très net de notre salle de bains, avec sa douche, sa baignoire, son bidet et… sa pissotière fermable ! Cet objet en céramique est totalement insolite : lorsqu'on veut l'utiliser, il faut ouvrir une sorte de couvercle, avant de le refermer. Je ne sais si Marcel Duchamp connaissait ce *ready-made* un peu particulier. C'est aussi dans cette pièce que j'ai eu une première idée de transformation d'objet, si l'on peut dire, comme en ont beaucoup d'enfants. Je prends un bain avec mes figurines Schtroumpfs. Je les installe précautionneusement dans un bocal en verre, que je ferme puis que je mets en service, sous l'eau. Il ne s'agit pas d'une technologie très avancée mais mon premier sous-marin était né !

## Bande à trois

Quand nos parents sont absents, mes frères et moi nous retrouvons seuls avec Paulette, notre gouvernante, qui s'occupe de tout ce dont nous avons besoin. Nous aimons beaucoup Paulette, mais nous lui faisons parfois vivre un enfer. Je me souviens d'une fois où nous nous étions tous trois jetés sur elle, tout nus, pour la mettre dans l'embarras, comme seuls en sont capables des garçons de onze, dix et huit ans. Paulette nous aime et nous chérit comme si nous étions ses propres enfants. Nous grandissons avec sa fille, Catherine, qui est, à l'école, la plus brillante de nous quatre. Comme je le pense toujours, il faut avoir une réelle motivation pour réussir. Nous avons bien conscience que Catherine n'a pas hérité des mêmes facilités matérielles que nous. Je m'imagine souvent ce qu'aurait été notre famille si on avait eu une sœur, je crois qu'elle en aurait été le joyau. Cela aurait apporté un peu de douceur, sans aucun doute. Peut-être aurions-nous su, tous, mieux exprimer nos sentiments. Ma mère, par exemple, même si elle vit une relation très fusionnelle avec nous, n'est pas du genre à nous prodiguer de très longs câlins – sa pudeur est compréhensible, au vu des épreuves qu'elle a traversées, je le sais maintenant.

En tous les cas, chaque matin, au petit déjeuner, Paulette a la gentillesse de m'apporter des madeleines alors que je suis encore dans mon lit, avec un chocolat chaud. C'est mon péché mignon – aujourd'hui encore, rien ne me régale davantage qu'un chocolat chaud avec des tartines ou des madeleines. Gamin, je suis sous ma couette et mes frères m'entendent mâcher : c'est à cause de ce petit rituel qu'on me surnomme le « creux de madeleines ». Pourquoi ? C'est une allusion à ma capacité à les engloutir en masse. Jean-Jacques, qui a un an de plus que moi, est affublé d'un surnom moins flatteur : Averell, le frère Dalton – il a grandi si vite que cette comparaison s'est imposée. Olivier, de deux ans mon cadet, coiffé comme beaucoup de jeunes garçons à cette époque d'une coupe au bol, se fait appeler Burlat, une variété de cerise. Nous nous taquinons souvent entre frères – nous n'avons pas besoin d'une bande : nous en sommes déjà une à nous trois, comme Renaud l'est à lui tout seul !

En sus de Paulette, nous passons donc beaucoup de temps avec la mère de ma mère, Mamika. C'est une couturière exceptionnelle, et elle nous confectionne souvent des vêtements. Parfois même, son ingéniosité va plus loin. À cette époque, une célèbre marque d'eau minérale vend des bouteilles tout ce qu'il y a de plus classique, avec un bouchon en plastique. Ma grand-mère nous demande de découper ces bouchons et d'en conserver la « bague » en plastique. Ensuite, elle attache de la laine autour de ces bagues et les relie les unes aux autres : croyez-le ou non, cela donne de superbes plaids dont nous recouvrons nos canapés. Ma grand-mère est une vraie pionnière. Elle est en phase avec la tendance de récup' actuelle, avec quarante ans d'avance ! C'est elle qui m'inspire aujourd'hui, j'en suis convaincu. Mes enfants n'ont malheureusement pas eu la chance de la connaître, mais je parle souvent d'elle, pour qu'ils sachent de quelle lignée d'inventeurs ils sont issus…

Mon père et ma mère, de leur côté, tout au long des années d'activité de B. U. T., s'amusent à créer des modèles aussi fantaisistes les uns que les autres. Certaines des créations de ma mère la mènent carrément sur le plateau de « Midi Première », au sein de la rubrique « La mode pop », avec Danièle Gilbert. Je ne sais si les archivistes de l'INA sauraient retrouver cette émission, mais j'y fais mes premiers pas de mannequin. Je participe à un mini-défilé avec les tee-shirts décorés par ma mère et surtout avec les jeans qu'elle a customisés en les coupant à hauteur des genoux, en laissant les franges du tissu bien apparentes. Cette tendance fait fureur. Mes frères et moi apparaissons même sur l'une des premières publicités de B.U.T., l'entreprise familiale ! Un précieux souvenir.

Nos parents travaillent énormément, et nous savons que cette vie qu'ils ont construite à deux mêle intimement le personnel au professionnel. Mon père a toujours été le leader, qui apporte les idées, mais ma mère est toujours restée, notamment en périodes de crise, le roc auquel s'accroche la famille. Je sais que mes parents privilégient toujours le dialogue, mais je les entends parfois s'engueuler vertement, en raison de problèmes de business et… d'amour. Mon père est, comme on dit, un « pape des nuits parisiennes » et le sera toute sa vie, soucis financiers ou non. Il joue la carte de la séduction avec toutes les femmes qu'il croise. Alors que j'ai treize ans (!), il nous emmène en boîte de nuit avec Jean-Jacques. Je ne sais plus s'il choisit l'Élysée-Matignon ou le Rock and Roll Circus, l'un des clubs les plus en vogue à l'époque. Si mon frère fait déjà le 1,75 m de ses quinze ans, j'ai encore une tête de gamin. Je me rappelle que mon père porte un superbe manteau blanc. Nous arrivons près de l'entrée de la boîte : une foule monstrueuse se masse dans une file d'attente désordonnée – et notamment des jeunes femmes sublimes qui fascinent le préadolescent que je suis. Mon père lève alors la main en direction du videur. À l'instant où il le remarque, celui-ci vient le chercher, comme s'il était roi en sa demeure, et nous passons devant tous ces gens qui attendent depuis si longtemps. Ça marque un enfant de voir son père ainsi considéré.

Mais nos parents peuvent aussi être très sévères avec nous, quand nous poussons les limites trop loin ! À cette époque, ce que l'on appelle maintenant les châtiments corporels sont monnaie courante, et mes parents n'échappent pas à la règle. Jean-Jacques, Olivier et moi sommes très proches, mais nous entretenons une concurrence permanente. Pas une journée sans un drame, qu'il s'agisse d'une vitre brisée ou d'un poulet congelé envoyé à la tête de l'autre. Mes parents font face à leurs trois fils comme ils pensent devoir le faire : face à trois démons, la seule règle, c'est une bonne gifle. Mais nous recommençons sans cesse de plus belle. Nous nous souvenons très bien d'un fouet à chameau, aux longues lanières tressées. Nous parvenons, même dans cette situation, à entrer en rivalité. Nous nous regardons droit dans les yeux et attendons de voir si l'un de nous pleurera, en signe de faiblesse... Mon père et ma mère pensaient que «corriger» faisait partie de l'éducation à donner aux petits diables que nous étions; c'était leur façon de nous inculquer le respect. Résultat : aucun de nous n'a eu le bac! Mais je les remercie d'avoir voulu, aussi durement soit-il, nous aguerrir pour affronter les épreuves de la vie, que nous n'avions pas connues, contrairement à eux.

## Entrer dans l'âge adulte

Au fil des années, mes frères et moi devenons différents, d'un point de vue spirituel notamment. Je n'ai jamais été très enclin à la religion mais, dès que j'ai neuf ans, tous les mercredis et parfois le dimanche, nous allons ensemble étudier le Talmud. Mes frères et moi prenons le métro tout seuls, tous les trois. D'entrée de jeu, je ne me sens pas concerné; mes frères apprennent l'hébreu, pas moi. Bon an mal an, je fais le nécessaire jusqu'à mes treize ans, l'âge de la bar-mitsva, une fête très importante dans le judaïsme qui célèbre l'entrée d'un jeune garçon dans l'âge adulte (pour une fille, ce qu'on appelle la bat-mitsva est célébrée à douze ans). Quelques jours avant ma bar-mitsva, ma tante Jeanine, que j'aime tant, meurt des suites d'une maladie. Le jour J, nous devons tout de même nous rendre à la synagogue, car il est impossible d'annuler une cérémonie préparée de si longue date. Dès que j'arrive dans la rue de la synagogue, c'est comme si j'y étais déjà entré. De nombreux rabbins, ainsi que tous les membres de ma famille, sont déjà là. Lors de la cérémonie, le moment où le jeune garçon doit lire la Torah est crucial. Pendant une quarantaine de minutes, il faut déchiffrer le texte en hébreu, devant toute l'assistance, usant de différentes inflexions de voix. Le problème, c'est que je ne comprends pas un traître mot de ce que je lis : au mieux, je répéterai ce que j'ai appris par cœur, phonétiquement. Je ne suis pas Louis de Funès dans *Les Aventures de Rabbi Jacob*, mais presque ! Et à l'instant même où je dois commencer, je quitte la synagogue à toutes jambes. Mon père me rattrape dans la rue. Je ne veux pas me plier à l'exercice, il soutient qu'il le faut, ne serait-ce que pour pour tous ceux qui se sont déplacés et attendent la suite de la cérémonie. Le jeune préado que je suis comprend bien qu'il va devoir céder, et il le fait de mauvaise grâce : je vais réciter le texte, mot à mot, sans mettre les intonations. C'est plus que laborieux. Bien sûr je ne sors pas grandi de cet épisode aux yeux des miens, tout le monde est écœuré. Mais cela signe pour de bon mon divorce avec la religion. Par esprit de tradition, et peut-être pour présenter des excuses, je continuerai du vivant de mes grands-parents à fêter Roch Hachana et Yom Kippour, deux des fêtes les plus importantes pour les Juifs.

Si mes frères et moi n'emprunterons pas les mêmes routes, nous garderons au cœur l'enfance que nous avons partagée. Et toutes les activités que nous avons pratiquées ensemble, comme le tennis. Je dois reconnaître que mes frères jouent mieux que moi. Ils ont une bien meilleure technique : ce sont des puristes du geste. Mais, au cours d'un match, je suis un cauchemar pour eux, car je veux absolument gagner – on ne se refait pas ! Je leur mène une guerre psychologique de tous les instants. Jean-Jacques et Olivier feront sport-études à l'INSEP quand je resterai dilettante – Olivier deviendra même prof de tennis ! Nous pratiquons tous la natation ainsi que les arts martiaux, dont le judo et le full contact – vu l'énergie que nous avons à dépenser, ce n'est pas de trop. Succès de *Rocky* oblige, nous nous mettons également à la boxe. Et nous essayons de faire le maximum de pompes : plus de six cents par jour, c'est notre record. L'un de nous finit toujours par céder, épuisé, sous les moqueries des deux autres – qui sont en réalité aussi épuisés que lui. Nous partageons aussi, bien sûr, de longues soirées télé, devant de nombreux films cultes. Nous aimons, évidemment, Louis de Funès et Bourvil. Si je reste bluffé par *La Traversée de Paris* (quel bonheur extraordinaire de les voir, tous les deux, avec Gabin), j'ai une tendresse particulière, comme beaucoup d'entre nous, pour *Le Corniaud*. Dans « Affaire conclue », il m'arrive souvent de lancer : « Ce n'est pas le Youkounkoun non plus », pour dire d'un objet qu'il ne s'agit pas une pièce exceptionnelle, à l'inverse de cet extraordinaire diamant malicieusement dissimulé dans la voiture que doit conduire Bourvil à travers l'Italie. Nous sommes aussi ébahis devant « La Piste aux étoiles ». Acrobates agiles, félins féroces et autres magiciens étonnants enchaînent leurs tours avec brio, accompagnés par le formidable Roger Lanzac.

Préadolescents, nous passons aussi nos après-midi à regarder Steve McQueen, alias Josh Randall, dans la série western *Au nom de la loi*. C'est un justicier discret, calme, qui ne se met pas facilement en colère – un peu comme David Carradine dans *Kung Fu*. Il lui en faut beaucoup pour qu'il s'énerve et il ne donne jamais le premier coup ! Je pense que ces deux séries me plaisent à double titre : elles mettent en scène des sports que j'aime et, surtout, elles montrent des personnages qui gardent leur calme – ça contraste avec l'ambiance de la maison, parfois électrique. Certes, ils finissent souvent par frapper, mais cela apparaît toujours mûrement réfléchi, loin du coup de sang. Aujourd'hui encore, je continue à développer cette maîtrise de soi qui me fait défaut à l'adolescence : cette qualité est primordiale, notamment lors des enchères… Pour ma défense, je sais aussi être sage et attentif, grâce à une passion que j'ai toujours gardée : les voitures. Miniatures à l'époque, en taille réelle dès que j'ai eu les moyens. J'aime donc beaucoup le modélisme, qu'il s'agisse de voitures ou d'avions. J'achète du balsa pour mes maquettes, et je ne manque pas une occasion de me lancer dans un nouveau projet – ma plus grande réussite est en fait mon premier avion : comme pour la grille de Frétigny, je suis si content d'y être arrivé. J'admire le fuselage, la carlingue, et je suis épaté que ça tienne ; de la colle, du bois, et c'est suffisant.

Du côté des véhicules grandeur nature ou presque, mes parents nous offrent une Rosalie. Il faut imaginer deux vélos rattachés entre eux par une ou plusieurs banquettes : les promenades de bord de mer en accueillent très souvent. À Frétigny, Jean-Jacques et moi adorons dévaler des pentes… en laissant Olivier au milieu. Nous fonçons comme des dératés et, à la dernière minute, nous sautons de la Rosalie en pleine course, tandis qu'Olivier reste piteusement sur la banquette, sans possibilité de pédaler. Il connaît de sacrées frayeurs. Nous essayons aussi de freiner au dernier moment. De vrais casse-cou ! Ma mère nous dit encore aujourd'hui avec tendresse qu'un bon dieu a dû nous protéger, même si nous n'avons pas pu échapper aux nombreux points de suture... Nous sommes en fait souvent livrés à nous-mêmes et à nos bêtises. Un jour, notre père, à bout, décide de nommer un chef parmi nous trois, qui changera au fil des week-ends. Le chef a la permission de choisir ce à quoi nous pouvons jouer, ce que nous avons le droit de manger, etc. Aucun d'entre nous n'aime ce système, sauf quand il est le chef, naturellement ! Cela mènera peut-être à davantage de bagarres que cela en aura évité !

Entre frères, nous savons en revanche nous allier lorsqu'il s'agit de nous défendre. Dans les années 1980, le GUD, organisation d'extrême droite, est très virulent. Des membres du Betar, une organisation juive, mais également des bandes antifascistes, s'opposent dans la rue à ces étudiants d'extrême droite, réputés pour leurs actions très violentes. Mon grand frère, Jean-Jacques, côtoie ces milieux. Pour faire comme lui, Olivier et moi nous combattons les petits frères de ses adversaires – ce sera par conviction, bien sûr, ultérieurement. Ainsi, les « grands » juifs se battent contre les « grands » du GUD, et les petits les imitent. Lorsque nous emménageons à Paris, une croix gammée est dessinée sur notre porte. Hélas, l'histoire n'apprend pas toujours de ses erreurs. Le racisme, dans les années 1980, s'exprime ouvertement, mais il existe aussi une solidarité entre les victimes, quelles qu'elles soient, et elles tiennent à donner de la voix. C'est vers cette voie que l'on doit tendre, encore aujourd'hui : l'union dans le respect de chacun, quelles que soient nos différences. Nous devons lutter contre tous les racismes, contre toutes les formes de discrimination. La France m'a beaucoup donné, c'est l'un des plus beaux pays au monde, sa culture est au sommet, les paysages sont d'une richesse fabuleuse, mais, surtout, la diversité du peuple français est extraordinairement belle. J'espère que cette diversité continuera à être accueillie et magnifiée. J'ai acheté récemment une affiche de l'élection législative française du 22 septembre 1889 dans le IX^e^ arrondissement, où est inscrite en grand la mention « Candidat antisémite ». Cet objet, et tant d'autres malheureusement, sont autant de moyens de se souvenir et de rester en éveil face à un populisme exacerbé à travers l'Europe, notamment en France. Il faut absolument enseigner ce qui s'est passé au cours des siècles afin de ne pas, comme on dit, répéter les mêmes erreurs. Malheureusement, ces dernières années ne semblent pas aller dans le bon sens. Je ne désespère pas pour autant et continue de croire que le futur pourra se construire avec un désir profond d'entraide et de fraternité.

# III

## Des Semeuses par dizaines

Lorsque j'ai une dizaine d'années, ma grand-mère m'offre une pochette avec des dizaines et des dizaines de timbres. Pour compléter ma collection naissante, je demande à mes parents de me donner les enveloppes qu'ils reçoivent à l'usine depuis les quatre coins de la France. Je passe les enveloppes sous la vapeur de la cocotte-minute, puis je sèche les timbres et je les trie avant de les disposer dans un petit classeur. Je les range par couleurs, et non par pays. Des aplats de rouge, de bleu, de vert se dessinent de page en page.

C'est ainsi que je me retrouve avec une page entièrement recouverte de Marianne de Cheffer, de couleur lilas, à trente centimes. Je suis frappé par la beauté qu'offre cette *quantité*. Il faut dire que je suis myope depuis que j'ai six ans – ça joue peut-être. De loin, même si l'on ne distingue pas les contours de chaque timbre, cela crée un ensemble magnifique. Je me mets à imaginer un mur qui en comporterait dix mille. Je me dis que ce serait un très beau papier peint ou même un tableau, une œuvre d'art ! Je m'emballe et je poursuis dans cette voie, essayant d'en rassembler le plus possible.

Cette idée de l'accumulation me servira plus tard – par exemple, lorsque je garnirai de beaux cadres anciens avec des pinceaux de toutes tailles, de toutes sortes.

Quand je montre mon classeur pour la première fois à ma famille, on me répond gentiment que ça n'est pas ça, une collection de timbres. Je suis un peu vexé et je me dis que si ces idiots n'ont rien compris, tant pis pour eux ! Par pudeur et pour ne pas avoir à argumenter, je continue ma collection dans mon coin. Si mon père nous emmène à la salle des ventes de Nogent-le-Rotrou, je supplie ma mère de me conduire au marché aux timbres, sur le rond-point des Champs-Élysées, où sont regroupés tous les philatélistes. Mais ce n'est pas notre seul lieu de pèlerinage. De nombreux dimanches, lorsque nous ne sommes pas à Frétigny, je vais aux puces de Saint-Ouen avec elle. Je regarde partout, je stocke des informations, je nourris ma bibliothèque d'images. Nous en arpentons les allées bras dessus bras dessous, et je passe mon temps à l'interroger avec plaisir sur tous les objets que l'on voit.

Ma mère préfère de loin les puces à la salle des ventes de Nogent. Elle apprécie les beaux objets que l'on peut y trouver, plus aristocratiques selon elle, telles des commodes du XVIIIe ou des armoires Louis-Philippe. Mon père se concentre davantage sur l'esthétique que sur l'histoire. Dans leurs sensibilités respectives se dessine le rapport que j'entretiens moi-même avec la brocante, notamment sur le plateau d'« Affaire conclue »...

Ma grand-mère maternelle – quelle place elle a occupée dans ma vie ! – nous distribue un jour des pièces de cinq francs en argent – là, je découvre la Semeuse. À nous trois, nous en avons pas mal, au moins une cinquantaine. Je troque celles de mes frères, en échange de jouets ou de menus services. Très tôt, j'ai la chance d'avoir de bonnes intuitions, d'estimer la valeur d'un bien. C'est l'une des caractéristiques d'un brocanteur : déceler un potentiel. Si mes frères ne s'intéressent pas à la valeur sur le long terme, je me dis de mon côté que je finirai par en faire quelque chose d'intéressant ! Et ce sera le cas… mais bien des années plus tard, avec ma fille Nina, dans le jardin de notre maison de campagne.

## Les années reflex

À la même époque, j'emporte partout avec moi mon appareil photo – le fameux Minolta reflex que je me suis offert grâce à mon travail sur la grille. Je sais exactement comment jouer sur les trois éléments clefs, interdépendants, qui font un bon ou un mauvais cliché : la vitesse, la lumière, la netteté. Mon amour de la photo grandit en même temps que celui des objets. Si, jusqu'à mes treize ans, je suis à l'usine de mes parents le samedi après-midi, je travaille ensuite à Nogent-le-Rotrou, à la boutique Camara que détiennent des amis de mon père. Il est l'un de leurs gros clients – il achète beaucoup de matériel photo, de matériel hi-fi pour les fêtes à la maison, et fait développer quantité de photos. C'est une époque un peu folle : mes parents organisent, à Frétigny comme à Paris, de superbes soirées dans lesquelles déambule un patchwork d'invités, tantôt excentriques, tantôt distingués. Ils sont en tout cas tous attirés par des fumées et des alcools que l'on interdit aux mineurs…

Si mes parents ne peuvent me conduire à Frétigny le week-end, je quitte Paris en train le vendredi soir. Mes frères ne me suivent pas : je suis d'ores et déjà l'entrepreneur de la famille, en plus d'en être le photographe. Les amis de mes parents viennent me chercher à la gare, et je passe le week-end chez eux. La fratrie est composée de quatre enfants, ils ont tous entre dix et vingt ans de plus que moi et, surtout, ils travaillent tous dans la boutique. Le plus jeune, féru d'astronomie, me prend sous son aile. C'est grâce à lui que je découvre l'intérêt d'observer les étoiles. J'ai acheté il y a quelques années un télescope professionnel : si un jour, les extraterrestres débarquent, je serai l'un des premiers à les voir arriver.

Au départ, je suis embauché pour renseigner les clients, mais, très vite, je me retrouve à la caisse, tandis que les vendeurs, quasiment toute la fratrie, s'activent. Je parle d'un temps où les gens qui pratiquent la photo sont relativement rares. Cela ne ressemble en rien à ce que nous vivons de nos jours, avec les portables et leurs millions de pixels. Je revois les clients nous confier leurs pellicules comme s'il agissait de trésors ! Il leur faudra attendre quarante-huit heures, soixante-douze heures, parfois davantage, pour découvrir leurs clichés. La boutique offre une opération quasi magique qui ramène à la vie des papiers *illisibles*... Pour ceux qui ont connu l'argentique, ils se souviennent des questions qu'on se pose, pour chacune des photos que l'on va prendre : est-elle utile ? Comment la réussir avec certitude ? Et puis, il faut savoir se rationner : « Mince, je n'ai plus que deux poses, je ne vais pas la faire, je dois en garder pour le dernier jour des vacances. » Avec l'argentique, nous avons tous la volonté de bien faire, parce que nous payons les développements. Parfois, on oublie quand on a commencé la pellicule, ce qu'il y avait au début, alors on redécouvre tous nos souvenirs en sortant de la boutique. Lorsque j'explique ça à ma dernière fille, adolescente, elle n'en croit pas ses oreilles.

À la boutique Camara, j'ai le droit de m'enfermer dans une chambre noire et de développer moi-même mes photos dans les différents bains, avec mon révélateur, mon fixateur et mes pinces à linge. Je travaille aussi avec l'ancêtre des filtres Snapchat : nous pouvons acheter des filtres que l'on clipse sur l'objectif de l'appareil pour donner des effets particuliers à la photo... Ils m'offrent la possibilité d'imprimer ma patte sur la réalité, ce que j'aime déjà faire. Aujourd'hui, j'achète beaucoup d'anciens appareils photo à chambre, qui ressemblent à des accordéons : je les utilise souvent comme décoration, comme mes clients. Pourtant, certains ont si bien traversé les années qu'ils sont encore en état de fonctionner. Encore faudrait-il mettre la main sur des plaques !

## Coup de poker

Aux côtés de la photo, le trio des occupations de mes jeunes années, avec mes frères, reste le même : sport, bagarre et jeux. Lors de nos légendaires parties de Monopoly, nous inventons les règles – évidemment, les parties se jouent sur plusieurs jours, mais, surtout, les joueurs ont le droit de s'endetter en dehors de la banque. Je vous passe les petits arrangements – rien de bien honnête. Les alliances âprement négociées se défont en un seul tour, menant l'une des parties à la ruine. Nous nous bagarrons plus d'une fois et les billets, comme les balles de ping-pong, volent au-dessus de nos têtes. Un Monopoly Cohen, c'est quelque chose. Les murs s'en souviennent…

Mon père est aussi un gros joueur. Il revient un jour de Hong Kong où il s'est rendu pour ses affaires. On lui a offert, en cadeau, une somptueuse mallette avec de splendides jetons en nacre. Personnalisés, ils affichent ses initiales, ou plutôt ils auraient dû afficher *clairement* ses initiales. Mon père s'appelle Jean-Pierre Cohen et les jetons sont marqués J. C. au lieu de J.-P. C. Un problème de place ou une erreur d'interprétation, je ne sais pas. Toujours est-il que, lorsque je serai plus âgé, tous mes amis penseront qu'il s'agit de ma mallette à moi… Je ne démentirai pas. D'ailleurs, elle est véritablement mienne à présent, car mon père a eu la gentillesse de me la donner. J'apprends à jouer au poker avec ces jetons. Dès mon enfance, avec mes frères, mes copains, je joue pour des enjeux d'argent – minuscules, évidemment, des centimes, quelques francs, mais je comprends dès le début l'intérêt, l'excitation qu'on peut éprouver quand on mise des sommes réelles. On ne prend pas les mêmes risques, on ne fait pas les mêmes calculs, on ne se projette pas dans les mêmes hypothèses. Il n'y a pas le même frisson.

Un jour, alors que j'ai treize ans, je suis à une table de poker avec des adultes, je les observe. Mon père est présent, bien entendu. Or il doit quitter la partie quelques minutes afin de régler une urgence professionnelle. Il me tend ses cartes et dit : « Tiens, prends la suite. »

(Un autre exemple de choses que nos parents nous ont encouragés à faire, et qui n'était pas vraiment de notre âge...) Au départ, je suis fébrile ; peu à peu je me montre plus à l'aise et je parviens à me montrer à la hauteur du défi. Quand mon père revient, il regarde la situation et me donne son assentiment : « C'est tout bon. » Je suis plus fier que jamais. Devenu père à mon tour, je joue au rami, au poker ou au Monopoly en famille. Cela va peut-être vous sembler étrange, mais je préfère ne pas laisser gagner mes enfants. S'ils doivent gagner, ils doivent le faire par eux-mêmes, et pas parce que j'ai abaissé mon niveau. Au contraire, dirais-je, les parents doivent jouer presque au meilleur de leurs capacités pour donner envie à leurs enfants la rage de les vaincre. S'il faut *tuer le père*, le père ne doit pas se laisser tuer : l'enfant doit se montrer prêt à relever le challenge.

Cet âge d'or de mon enfance, au cours de laquelle notre tribu vit sans ombre au tableau, ne dure pas éternellement. Au cours de ma seizième année, mes parents vont devoir fermer l'usine. L'un de leurs associés, dont ils étaient très proches, décide de faire « sécession » ; l'équilibre, fragile, évidemment, dont dépendait le business de mes parents s'effondre. Non seulement ce nouveau concurrent connaît tous les clients, mais il maîtrise surtout toutes les méthodes de fabrication qu'a inventées mon père. C'est un drame pour mes parents. Ils ne seront plus compétitifs face à ce nouveau rival et devront fermer B. U. T., mais aussi se séparer de notre maison de Frétigny. Notre demeure, juste à côté de cette usine qui a connu des heures si glorieuses, a accompagné toute mon enfance, et je sais que l'image idyllique que j'en garde ne correspond pas complètement à la réalité. Mais elle a façonné mon amour des grands espaces, et mon envie, à mon tour, d'entrer dans l'arène des enchères.

Alors que nos parents se démènent pour tenter de sauver leur société, qu'ils considèrent en quelque sorte comme leur quatrième enfant, mes résultats scolaires laissent à désirer. Ma grosse faiblesse : l'orthographe. Je m'échine, comme beaucoup, à mémoriser les règles de notre belle langue, mais je parviens difficilement à les appliquer, déjà à cette époque. Je sais maintenant l'effet que peut produire une faute dans un document. Je peux les repérer mais j'ai du mal à ne pas en commettre quand c'est moi qui écris. (J'ai d'ailleurs glissé une faute d'orthographe dans ce livre, saurez-vous la retrouver ?) Je pense avoir désormais adopté la bonne approche : je sais que jamais je ne déjouerai définitivement les pièges du français, alors je me fie à mon cher correcteur orthographique – les ordinateurs m'ont toujours facilité la vie. Savoir compter sur les compétences d'autrui pour pallier ses propres insuffisances, c'est une vertu. Si l'on sait que l'on n'est pas doué dans un domaine, mieux vaut ne pas s'escrimer en vain. Personnellement, je préfère améliorer les compétences que j'ai ou que je crois avoir dans une autre sphère d'activité. Dépenser une énergie colossale pour une tâche que d'autres réaliseront en un instant, ce n'est pas un bon calcul. Mais, adolescent, je suis simplement sujet à mille tourments lorsqu'il s'agit de rédiger correctement une dissertation ou un devoir de philo.

Pourtant, même si je ne suis pas doué en orthographe, j'aime lire et je passe mon temps au kiosque à journaux. Des lectures parfois un peu étonnantes pour mon âge. À quatorze ans, j'achète *La Tribune*. La vie des entreprises me fascine : pourquoi les unes font faillite, pourquoi d'autres réussissent. Je pense déjà à mon avenir – peut-être aussi tenté-je de comprendre ce que vivent mes parents ! J'achète aussi *Science et Vie*, qui traite notamment des balbutiements de l'informatique. Ils fournissent même les pages de certains programmes, que je m'amuse illico à tester. Je vous rassure, j'achète aussi des magazines destinés aux ado. Chaque semaine, j'attends la sortie de *Rahan :* je porte fièrement le collier qu'ils offrent un jour et, comme tout le monde, j'espère faire fonctionner le gadget offert dans *Pif* – ce qui n'est pas toujours facile. Et, vous l'aurez sûrement deviné, j'adore Picsou. Son coffre-fort me fait rêver, mais je me dis qu'à la place de ce vieux grippe-sou, je tâcherais d'être plus généreux avec l'oncle Donald. Je n'imagine pas faire autrement que mes parents : lorsqu'ils pouvaient se le permettre, ils ont toujours donné à ceux qui en avaient besoin.

## On n'est pas sérieux quand on a dix-sept ans

Au lycée, ces lectures ne m'aident pas dans mes cours de français mais, au moins, j'excelle dans les matières scientifiques. En revanche, pour ne rien arranger, je rencontre aussi quelques problèmes de discipline. Ce n'est pas étonnant, certes, mais c'est bien dommage. Alors que je suis en seconde au lycée Pascal du boulevard Lannes, j'assiste à un cours de physique. Nous devons résoudre une équation. Je propose une résolution, le prof une autre. Il ne reconnaît pas ma démonstration. Je tiens ma position et affirme qu'il s'agit simplement d'une façon différente de parvenir au même résultat. La tension commence à monter mais je ne lâche pas : je veux que mon prof reconnaisse que ma méthode est également correcte. Excédé, celui-ci finit par me gifler mais je me rebelle. Je suis renvoyé pour indiscipline. C'est la deuxième fois : j'ai déjà été renvoyé du lycée Raspail au cours de la même année scolaire. Pourtant, aujourd'hui encore, je pense que la solution est d'intéresser l'autre, de lui montrer qu'il a de la valeur. Lorsque j'échange avec un vendeur, je fais toujours en sorte – et ce n'est pas un effort – de souligner les qualités de son objet.

B. U. T. vit donc ses derniers mois d'activité et je me retrouve sans établissement scolaire. En face de chez nous, un cours privé accueille toute la bonne société du VIIe arrondissement – la bourgeoisie en échec scolaire, ce n'est pas une légende : je la connais. Mais je ne peux y être admis. Mes parents rencontrent de véritables difficultés à trouver un établissement qui veuille de moi après mes deux renvois. Ils ont un ami, Vivi Raccah, qui dirige le cours Carpentier, une école privée. Ils espèrent que je pourrai y trouver ma place. Malheureusement, les graves difficultés financières auxquelles ils doivent faire face à Frétigny les empêchent de me faire entrer au cours Carpentier. Vivi Raccah, dont je louerai toujours l'immense générosité, leur propose de laisser de côté mes frais de scolarité. Vivi sait que mon père est gêné, mais il lui assure que c'est réglé. Mon père le remerciera plus tard, comme il l'a toujours fait avec ceux sur qui il a pu compter.

En parallèle du cours Carpentier, au sein duquel je parviens tant bien que mal à m'intégrer, et alors que mon père entame sa nouvelle carrière dans la publicité avec une première mission, mes parents m'inscrivent à un cours destiné aux lycéens qui ont la bosse des maths : ils ont compris que j'ai un goût particulier pour les chiffres. Mon prof est atteint de la maladie de Parkinson. On sait les adolescents parfois cruels, mais avec lui ils ne le sont pas, car il est tout simplement passionnant. Nous réalisons rapidement qu'il parle vite et bien. Nous osons à peine l'apostropher et encore moins l'interrompre ; nous restons très attentifs pour suivre ce qu'il nous explique. Grâce à lui, je parviens enfin à m'épanouir en cours. Je suis même émerveillé, parce qu'il parle des mathématiques comme d'un art. À la fin des cours, il nous apprend comment programmer des équations et des graphiques complexes sur le bijou de calculatrice qu'il nous a recommandée : la HP 41C, je m'en souviens encore ! À l'heure où les ordinateurs n'existent pas pour le grand public, mes collègues et moi, nous nous retrouvons dans le hall de son immeuble pour partager les astuces de programmation qu'il nous a données. Comme si nous nous échangions des images !

Je commence aussi à m'intéresser au dessin industriel, qui m'est encore très utile aujourd'hui. Je n'ai pas le niveau d'un architecte mais, lorsqu'ils découvrent mes croquis, les artisans avec lesquels je travaille désormais comprennent tout de suite le projet que j'ai en tête. J'ai gardé en mémoire un cours intitulé « Usinage et dessin industriel » qui explique comment l'on passe d'un bloc en acier à un vase. Cela me passionne. Je m'intéresse aussi aux mécanismes à vérins hydrauliques, à l'électricité, aux automatismes, et me demande, par exemple, comment parvient à s'ouvrir une porte de métro. Des années plus tard, j'achèterai d'anciennes portes de métro en bois pour en faire des séparateurs de pièces… Je me régale avec la physique appliquée.

Il m'est arrivé d'acheter un ensemble relié de vingt-huit tomes qui rassemblent des dessins industriels datant de 1840 à 1881. Ces dessins représentent des modèles d'anciennes locomotives, des chaudières à vapeur, des machines industrielles qui n'existent plus. J'ai acheté ce lot à un prix plutôt bas et je réfléchis à ce que je pourrais en faire : vendre chacune des pages de ces vingt-huit tomes encadrée sous verre ? ou en tapisser les murs de plusieurs de mes boutiques ? J'ai bon espoir de réaliser une énorme plus-value ou une décoration rarissime.

En tout cas, à dix-sept ans, je me dis que la physique va peut-être m'aider à obtenir le bac. Or, comme vous le savez déjà, il n'en sera rien. Je veux faire plaisir à mes parents, les rendre fiers. J'y parviendrai autrement.

# IV

## Une chance sur trente-six

Dans notre grand appartement parisien, chamboulé par la perte de l'usine de Frétigny, il arrive tout de même que je rentre avec de bonnes, voire d'excellentes notes – en matières scientifiques, vous l'avez compris. Au début de mes années lycée, en parallèle de la physique, j'ai découvert le code, une logique intellectuelle qui va bientôt changer ma vie. Le code, c'est en quelque sorte le langage des ordinateurs, c'est ce qui permet de leur dire ce que l'on voudrait qu'ils fassent. Je vous l'accorde, parfois, on a beau parler leur langue, ils ne nous écoutent pas !

Je vous explique : coder, c'est envisager toutes les options envisageables dans une situation donnée. Le code, si on le travaille bien, doit donc distinguer toutes les possibilités qui s'offrent à nous. La première question à se poser est celle-ci : qu'est-ce que j'ai envie de faire avec mon ordinateur ? Lancer Internet, ouvrir un logiciel de traitement de texte, regarder un film : il faut créer des lignes de code pour chacune de ces actions. Et puis, bien sûr, ces actions sont elles-mêmes subdivisées en sous-actions, ce qui permet d'établir des arborescences et, d'un coup d'œil, de visualiser l'ensemble des conséquences qui peuvent découler d'une décision *x* ou *y* : le meilleur comme le pire. Cette approche peut s'appliquer à tout dans la vie – c'est là que cela devient passionnant. L'idée, c'est de n'être jamais surpris, quoi qu'il arrive.

Par exemple, je suis allongé. Je peux rester allongé, certes, mais je peux aussi vouloir changer de position, attraper un objet ou me lever. Si je choisis de me mettre debout, il y a plusieurs options. Mettons que j'en conserve deux : je peux me lever d'un coup et je peux me lever en plusieurs étapes. *Si* je choisis la première option, *alors* je risque de me faire mal ; *autrement*, je peux me lever en décomposant mes mouvements. On touche précisément au triptyque du code *if, then, else* (« si, alors, autrement »). *Si* je fais ça, *alors* il se passera ça, *autrement* il se passera ci. Pour chaque situation, il faut poser les conditions d'exécution des actions que l'on veut (ou pas) réaliser.

Je suis fasciné par cette logique qui m'amuse beaucoup. J'apprends ainsi l'anglais, la langue qu'on utilise pour coder : plus tard, cela m'aidera à être à l'aise à l'étranger… Je construis mon premier ordinateur, le Sinclair ZX81. Il aurait pu jouer dans *Star Wars* et copiner avec R2-D2. Vendu en kit, il permet d'apprendre à programmer très facilement. De nos jours, certains pays encouragent les cours de code dès le plus jeune âge et des enfants postent même les applications qu'ils ont créées sur des boutiques numériques. Mais, de mon temps, le code est encore une discipline méconnue et une approche innovante.

Cette approche, je m'en servirai plus tard au backgammon ou sur le plateau d'« Affaire conclue », face à un objet que j'hésite à acheter... À seize ans, je l'utilise pour proposer un programme à la propriétaire de mon vidéoclub : je lui fais remarquer que ce serait bien plus efficace que ses fiches ! Si on a tendance à voir les geeks comme des parias de l'amour, je prouve par la même occasion que ce n'est pas toujours le cas. J'aurai une jolie histoire avec cette jeune femme, qui est plus âgée que moi. Je ne crois pas que j'aurais connu le même chemin amoureux si je n'avais pas scrupuleusement suivi tout ce qu'elle m'a enseigné. Avant d'ouvrir son vidéoclub, elle avait travaillé dans un cirque en Angleterre. Son parcours de vie m'épate. Je la retrouve souvent chez elle. La décoration y est très cosy, avec de nombreux objets sur les murs et les étagères, des plantes et des fleurs partout dans l'appartement. Peut-être que c'est elle qui m'a inspiré l'idée d'égayer mes boutiques avec de la végétation.

## Premier business

L'idylle que je vis ensuite est marquée par... mon premier business ! J'ai dix-sept ans et je sors avec Véronique. Elle habite à Courbevoie, en face de l'île de la Jatte. J'ai un souvenir très précis de sa salle de bains : elle avait demandé à son père, à la tête d'un casino à Perpignan, de lui construire un jacuzzi. Un luxe incroyable ! L'ensemble est très voyant, ça brille de partout. Même si j'apprécie de passer du temps dans le jacuzzi, je ne suis vraiment pas fan de la décoration – c'est très « bling-bling », à la limite des robinets en or de Donald Trump ou de *Scarface*...

Un jour, Véronique m'annonce qu'elle a décidé de passer l'été à Ibiza. Elle veut louer un bateau, elle veut aller en boîte de nuit. Trois semaines minimum. Il y en a, au bas mot, pour cinquante mille francs. Comment faire pour trouver cet argent que je n'ai pas ? Je suis encore plus fier qu'amoureux et il n'est pas question de lui dire non. À cette époque, je ne m'interroge pas sur la somme et sur ce que l'on va en faire : je suis jeune, je veux impressionner ma copine, un point, c'est tout. Il faut donc que je trouve la solution. Lorsque je rentre chez moi, je passe devant un magasin de lingerie, je remarque les tangas en vitrine. Ce sont des slips brésiliens pour femmes, très échancrés. Nous sommes au milieu des années 1980, le moment où la mode débarque en France. J'entre pour en acheter un, il est en soie, c'est cher, plus de deux cents francs. Je repars avec le tanga et une idée en tête.

À la maison, j'en parle à mes parents et je leur demande si c'est compliqué à fabriquer. Ils me conseillent d'aller dans le Sentier, le lieu où se trouvent tous les grossistes et les fabricants de tissus – c'est tout à fait l'univers décrit dans *La vérité si je mens !* Je les interroge aussi sur la matière première : où trouver le tissu ? La soie, c'est onéreux. Ils me donnent la bonne adresse. Un après-midi où je n'ai pas cours, je vais au Marché Saint-Pierre, à Montmartre, où on peut dégotter tous les tissus du monde. Je cherche parmi les centaines de rouleaux et je tombe sur quelque chose de très beau. Mais on m'indique le prix : c'est bien trop cher. Je me focalise donc sur les étiquettes et je constate que certains tissus flashy, avec différentes nuances – jaune, orange, vert, bleu et violet –, affichent un prix extrêmement raisonnable.

Je tiens mon projet : je vais faire produire cinq cents tangas en cinq couleurs. Sur les plages, à Ibiza, ça va cartonner.

Mais je sens que ce n'est pas encore suffisant. Il faut que je trouve le petit plus… Un packaging original. Évidemment, je vais les vendre dans un emballage en forme de petit cœur ! Je suis surexcité, je vais dans le Sentier, j'explique à des fabricants ce que je veux : les tangas d'un côté, les pochettes en tissu – identique à celui des tangas – de l'autre. J'attends de recevoir les dix premiers éléments, qui font office de test et, lorsque je les découvre quelques jours plus tard, je suis conquis. C'est parfait, je lance la production. La date des vacances approche. J'attends mes tangas – sans eux, pas de vacances et plus de Véronique. Les jours passent. Je ne sais pas si les ateliers vont réussir à tenir l'échéance. Ils arrivent à me livrer dans les temps ! Je suis en feu. Les cinq modèles sont de pures réussites. Véronique et moi partons avec une valise remplie de dessous dans leur écrin en cœur. Il va falloir les vendre si l'on veut payer nos vacances…

Nous avons une petite somme pour commencer notre séjour, mais il faut rapidement écouler notre marchandise. Deux options s'offrent à nous (le code, encore) : soit nous vendons tous les deux à la criée, soit nous essayons de trouver *la* bonne formule. Véronique propose d'elle-même une solution : et si elle en portait un, tout simplement, pour les proposer aux vacanciers alanguis sur la plage ? En cinq jours, elle vend les cinq cents slips à quatre-vingts francs pièce – il faut dire qu'elle est splendide. Nous encaissons ainsi quarante mille francs : les quinze prochains jours vont être consacrés à profiter de notre insolente réussite. Mais nous n'avons pas pensé à tout. À la fin de la deuxième semaine, les tangas deviennent… transparents. Évidemment, les clients viennent se plaindre. Mon tissu ne devait pas être d'assez bonne qualité. Nous ne demandons pas notre reste et nous partons avant la fin de notre séjour. En tant que patron, je n'ai pas assuré à 100 % cette fois-ci – mes clients n'étaient pas à 100 % satisfaits –, mais il faut reconnaître que l'opération a marqué d'une façon inoubliable mon entrée dans le business.

## Bac et backgammon

Cette incursion dans le monde des affaires n'altère pas mon goût pour le jeu. En 1984, c'est l'année du bac. Nous organisons un après-midi jeux chez moi. Mes copains Jean-Luc et Fred arrivent avec plusieurs de leurs connaissances, dont quelques adultes. Tandis que je joue au billard dans la salle de mon père, Frédéric apparaît, livide : il me dit qu'il a une main noire et qu'il vient de perdre… plusieurs milliers de francs au backgammon !

C'est beaucoup d'argent. Je lui demande si son bourreau joue au billard. Je lui propose de l'affronter, avec la possibilité de démultiplier les enjeux dans la partie. Au départ, je fais semblant de mal jouer, puis je pousse les enjeux à leur maximum. Et là, je me mets à faire des trajectoires de folie. Je récupère très largement ce qu'a perdu Fred et je gagne même davantage. Mon adversaire repart tout penaud, Fred est soulagé, et je lui demande de m'apprendre à jouer au backgammon. Cela m'intéresse, de pouvoir gagner autant en si peu de temps.

Je me mets à jouer souvent, entre copains. Et pour de l'argent – malgré la mésaventure assez sérieuse de Fred. Nous jouons pour de l'argent parce que l'argent met des limites, justement. Nous jouons avec le frisson : pour ne pas perdre, il faut véritablement être à 100 % dans la partie, il faut que cela compte. Le backgammon permet de gagner beaucoup, et rapidement – mais il permet aussi de perdre vite, et pas qu'un peu, il ne faut jamais l'oublier. Je joue une fois contre le fils d'un bijoutier. Après une partie compliquée mais exaltante, je gagne ma première Rolex. Je ne vais pas la garder, je suis marchand dans l'âme. À l'époque, je connais déjà mes acheteurs potentiels : ce sera un jeune homme de bonne famille qui veut afficher sa richesse plus franchement encore…

Puis j'ai envie de voir plus loin. Je me mets à fréquenter des professionnels. Sur l'avenue Malakoff, dans le XVIe arrondissement, un restaurant italien cache, au premier étage, un cercle de jeu. Je découvre les vieux briscards du backgammon, ceux qui savent intimider en un coup d'œil. J'apprends que le backgammon, comme les échecs, est un jeu très ancien. Dès que j'entre, ils sont là à attendre le prochain client à plumer. Ils sont surpris de tomber sur un jeune homme comme moi, surtout lorsqu'ils voient que je leur résiste très largement. Le backgammon est en grande partie fondé sur l'intimidation de son adversaire. Il faut parvenir à avoir l'ascendant psychologique sur la personne en face de soi. Si, avec mon physique de minot, je ne paie pas de mine, je reste par ailleurs très calme, très zen. Mon assurance leur fait perdre leurs moyens. Ils se demandent d'où je sors cet aplomb. Et, quand on joue, dès que l'on se pose des questions, on commence à perdre.

J'aime le risque et je fais même tout pour qu'il y en ait davantage – c'est une approche que je reproduirai souvent dans ma vie : je joue très régulièrement alors même que je n'ai pas d'argent. Je n'ai pas d'argent pour payer le droit d'entrée, pas d'argent pour payer ce que je consomme sur place, pas d'argent pour payer mes dettes éventuelles. J'entre dans le cercle en sachant que je dois absolument gagner, sinon, je suis dans une m… noire. Ainsi, lorsqu'une partie commence, je sais que je mets en jeu ma soirée, ma personne tout entière. Je dois me débrouiller tout seul.

Au cours des années 1984-1985, je passe souvent de huit à dix heures par jour à jouer. Je fréquente de nombreux cercles, des plus intimistes aux plus reconnus. Je me souviens d'un hôtel particulier, rue du Bois-de-Boulogne à Neuilly : on entrait par la porte principale dans une maison bourgeoise, très classique, avant de se diriger vers le premier étage. Là, comme dans un film de gangsters, planqués dans un *speakeasy*, on était immédiatement transportés au fond d'un tripot enfumé du début du siècle, quelle que soit l'heure du jour ou de la nuit. Là-bas, je petit-déjeune, je déjeune, je dîne certains jours. Des assiettes de charcuterie et de fromage défilent devant nous, pour recharger nos batteries. Du camembert, mille francs de gain, de la charcuterie, du comté, trois mille francs de perte, un saucisson, une partie à deux mille francs ! Et les heures passent, et les jours se succèdent. Je gagne énormément d'argent en très peu de temps.

Puis arrive le premier jour du bac, je dois passer l'épreuve que l'on redoute tous, celle de philo. Cette année-là, le sujet est : « L'enfance est-elle le sommeil de la raison ? » Je ne me souviens pas précisément si j'ai joué la veille, mais c'est fort probable. J'ai vraiment sommeil – je ne sais pas où en est ma raison, apparemment elle n'est pas en grande forme. J'écris quelques lignes, je reste le temps réglementaire, mais je me doute bien que la note ne sera pas brillante. Je me souviens d'avoir obtenu... un demi sur vingt. Les examinateurs ont dû vouloir récompenser l'encre sur la copie. Je suis désabusé. Toute l'année, je me suis senti en difficulté face à cette discipline pourtant passionnante. Je suis bon avec les chiffres, mais il me faudra encore quelques années pour entamer une réflexion sur le sens de la vie.

Le lendemain, alors que je dois me rendre aux épreuves scientifiques, ces mêmes épreuves dont je sais que je peux les réussir, que je *vais* les réussir, je reste au lit. Je n'y vais pas. Il en va des épreuves du bac comme de ma bar-mitsva : je n'en fais qu'à ma tête. Je crois que je sais déjà que ce n'est plus pour moi, que ça n'a jamais été pour moi. J'ai fait ce que j'ai pu, mais ma vie m'attend ailleurs. J'ai la chance incroyable d'être suivi par mes parents. De toute façon, pour le coup, aucune gifle au monde n'aurait pu infléchir ma décision, ils le savent. Pourtant, cela ne les empêche pas d'être déçus. Ils avaient vraiment envie d'autre chose pour moi. Je leur annonce que je vais plutôt continuer de jouer, et voir où cela peut me mener.

Cette année-là, au lieu de partir en vacances avec ma famille, je loue, exclusivement grâce à mes gains au jeu, un appartement gigantesque à Saint-Tropez, sur le port, juste au-dessus de Sénéquier, institution de la ville. C'est là que sont nés leurs célèbres nougats, et là aussi que Brigitte Bardot s'attablait souvent pendant le tournage de *Et Dieu créa la femme*... En fait, l'endroit est assez bruyant – on ne peut pas tout avoir. Je suis en pleine flambe, et je me sens dans une veine incroyable. Mais le backgammon n'est pas qu'un jeu de hasard, surtout pas. Ce qui compte principalement, c'est le calcul des probabilités que l'on doit sans cesse solliciter. Si je n'ai pas réussi à m'améliorer en orthographe, mon goût pour les mathématiques m'est grandement utile. En période de déveine, les maths servent véritablement à limiter les pertes et, en période de chance, elles offrent la possibilité de maximiser ses gains... Au cours de toutes mes parties, je suis toujours extrêmement concentré, je calcule, avant même le premier coup de mon adversaire, ce qu'il peut faire, ce qu'il *ferait* bien de jouer. Ainsi, s'il joue autre chose que ce que j'ai pu trouver, je sais déjà qu'il n'a pas optimisé comme il aurait fallu. Je suis sans cesse sur la brèche, à m'interroger sur l'état du jeu, sur les coups à tenter ou pas, en fonction de ce qu'il est possible de faire.

Mais je sors aussi avec des potes, je vais dans de grands restaurants, en boîte. Je danse comme un fou – bien des années plus tard, je prendrai des cours de tango avec Karine. Là, c'est plutôt déhanché souple, séance de collé-serré avec de splendides jeunes femmes, mais aussi transe extatique sur du funk. Cela ne m'empêche pas de me lever très tôt : je fais le tour de la ville, je visite les alentours, je me plonge dans mes pensées et je me remémore mon enfance, enfance qui s'éloigne doucement.

Je suis en jean-chemise blanche et j'affiche mon bronzage avec fierté. Nous sommes parfois carrément en maillot de bain à La Voile Rouge ou au Club 55, deux lieux « branchés », comme on dit à l'époque. C'est la période de ma vie où je fais la connaissance de beaucoup de femmes, je m'amuse, et elles aussi : j'ai la sensation d'être le roi du pétrole. Nous vivons les dernières années sans sida, il vient d'être découvert. Je mène une vie libre, complètement détachée. J'arbore les manières d'un play-boy, et je rentre souvent au petit matin en bonne compagnie… Je suis la victime consentante de jeux réservés aux adultes et je ne m'en plains pas. J'entre de plain-pied dans un univers mature et plein d'excès.

Malgré cette période exaltante, je n'en oublie pas de m'appliquer durant toutes mes parties de backgammon. Je joue sur la plage, insaisissable sous le soleil brûlant, dans des cercles informels. J'ai une sacrée bande à mes côtés. Roland, dix-quinze ans de plus moi, a deux potes, Rémi et Stéphane. Beaux gosses, ils jouent à fond la carte des séducteurs de plage, et ils aimeraient bien ajouter un petit jeune à leur équipe : ce sera moi. Nous allons en boîte et nous nous retrouvons souvent dans des situations qui achèvent définitivement de me transformer en homme. De folies en fous rires, nous passons un été complètement déjanté. Je continue de remporter de nombreuses parties et consolide mes gains. Trente ans plus tard, je recroiserai Roland et, au premier coup d'œil, nous nous reconnaîtrons.

## Millionnaire à vingt ans

Lorsque je rentre à Paris, je perfectionne ma maîtrise du backgammon, je continue de jouer, partout, contre de nouveaux adversaires. Si l'on peut jouer à un contre un, on joue très souvent à un contre cinq ou à un contre dix. C'est ce que l'on appelle « jouer en chouette ». L'idée ? Démultiplier les gains... avec le risque de démultiplier les pertes ! Si le backgammon est un jeu de dés et donc de hasard, la stratégie y a un très grand rôle. C'est un jeu de hasard raisonné, comme le poker ou le tarot. Si le jeu peut sembler facile parce qu'on jette juste des dés, il repose sur des calculs de probabilités d'une complexité folle. Il faut savoir exploiter les tirages en sa faveur. Mon goût pour le code n'est donc pas étranger à mon succès : j'ai un sacré atout sur mon adversaire, car le trio *if, then, else* (« si, alors, autrement ») n'a plus de secret pour moi. Je ne joue jamais sans avoir anticipé et réfléchi.

Le videau, deuxième élément crucial du backgammon, aide à amplifier le frisson. Il permet de doubler la somme à tour de rôle. Pour faire simple, si je le tends à mon voisin en lui annonçant que je double, et qu'il ne suit pas, il perd. Il est donc contraint de me suivre alors même qu'il n'est pas sûr de gagner. En raison du principe même du jeu, très peu de parties, à haut niveau, peuvent aller jusqu'à la fin. Il est courant d'arrêter la partie en cours parce que l'un des participants juge le risque trop grand et refuse de suivre. Il faut aussi que je rappelle qu'il faut déplacer ses pions et que, là, tout peut se renverser. Si mes pions sont répartis sur une position perdante, je peux tenter de reprendre le dessus en lançant le videau. Je peux me refaire comme je peux grandement aggraver la situation. En l'espace de quelques instants, on peut être perdant puis gagnant, puis de nouveau perdant, avant un ultime retournement de situation. C'est exactement ce qui peut se passer pendant les enchères : jusqu'à ce que le marteau d'adjudication frappe la table ou que les mains soient serrées, on n'est pas sûr d'emporter l'enchère. Il faut savoir lire dans les gestes, dans la sueur, dans le regard. En plus de l'ascendant psychologique, les dés permettent de construire son jeu : ils sont toujours un pari. On doit bouger ses pions en fonction des autres joueurs, comme aux enchères. On ne connaît pas sa propre marge de manœuvre, il faut parier, envisager, supposer. Mais on ne peut pas savoir avec certitude, on dépend toujours à 100 % de ce que va faire l'autre.

Au terme de ces mois de jeu, je n'ai pas vingt ans et j'ai déjà gagné plus d'un million de francs (cent cinquante mille euros). Bien sûr, cette somme est colossale. J'ai conscience d'avoir la possibilité de poursuivre une vie facile, sans encombre, si je continue à étudier ainsi les parties et à scruter les stratégies de mes adversaires. Mais j'éprouve une sensation désagréable : obtenir tant d'argent semble si *facile* que cela me dérange. Je sais combien mes parents, mes grands-parents ont travaillé dur, je sais aussi que gagner sa vie peut être une source de souffrances. Et je veux la gagner en *travaillant*. Je ne me raconte pas d'histoires : je ne travaillerai pas en usine ou dans d'autres environnements difficiles. Je ne peux qu'admirer ceux qui n'ont pas eu ma chance et qui doivent ainsi trimer durement au quotidien. Je veux au moins gagner ma vie en contribuant à un projet, en collaborant avec des passionnés, des gens talentueux. Le milieu dans lequel j'évolue n'est pas un milieu épanouissant ; je n'y apprends pas grand-chose, si ce n'est les dernières techniques de jeu. J'y croise des personnalités hautes en couleur, bien sûr, mais ce n'est pas le lieu pour développer des compétences surprenantes. Je ne jouerai pas *ad vitam aeternam*, je veux m'enrichir intellectuellement, je veux de la diversité. Aujourd'hui, mes camarades d'« Affaire conclue » sont souvent étonnés de me voir acquérir facilement et avec plaisir des connaissances dans des domaines qui m'étaient inconnus trois mois avant. J'ai toujours aimé ça. En 1986, je décide ainsi de passer à autre chose.

Mes parents s'en réjouissent. Les derniers mois que j'ai passés m'ont rendu plutôt imbuvable, il faut bien l'avouer. Je n'ai fréquenté que des gens plus âgés que moi et je me suis complètement éloigné de ce qui rendait ma vie légère. Alors je décide d'y retourner. Je vais jouer au foot, je vais discuter simplement entre amis, loin de cette vie aux considérations si différentes de celles de ma génération. Je pense que cet abandon du jeu est en fait une ultime tentative de sauver ce qu'il reste de bon et d'aimable en moi. Ma mère me demande ce que je compte faire maintenant que j'arrête de jouer. Je sais que je ne veux pas de *n + 1* ni de patron au-dessus de moi, je serai le mien et je n'obéirai aux ordres de personne. C'est décidé, je vais monter mes propres business. Après l'épisode du tanga fluo avec Véronique, à la fois manqué et réussi, je sais que j'en suis capable.

# V

## Un imprimé panthère

Nous sommes en 1986, je n'ai pas encore vingt ans. Ma première initiative est d'utiliser l'argent *sale* du jeu pour me constituer des fonds *propres* qui me permettront de lancer ma société. Je joue encore un peu afin de mettre de côté une somme que j'estime suffisante pour lancer mon affaire. J'ai vu mes parents le faire, alors je saurai comment m'y prendre le moment venu : j'ouvrirai un compte bancaire puis je déposerai le nom de ma société auprès du registre du commerce. Après la perte de Frétigny, mon père a mis peu de temps à rebondir, malgré les difficultés qu'il rencontre à changer d'activité, après tant d'années passées dans le business de l'écusson thermocollant. Il a toujours été capable de vendre tout, à n'importe qui ; ce sera donc la publicité, en plein essor dans les années 1980. Il réalise plusieurs missions au sein de différentes sociétés avant de se lancer. Ma mère se tient évidemment à ses côtés. Au sein de B. U. T., elle a développé de nombreuses compétences qui lui ont permis d'assurer la bonne marche et même l'expansion de l'entreprise. Mon père et ma mère n'auraient jamais réussi l'un sans l'autre.

De mon côté, je commence alors à cogiter : dans quel business investir? Je farfouille dans plusieurs domaines. Je me rends au concours mondial des inventions de Genève, de même que je vais chaque année découvrir les inventions présentées pour le prix du concours Lépine. J'assiste à la démonstration d'un ingénieur qui étale avec un pinceau une encre sur un tee-shirt. Il explique son procédé étonnant : il s'agit d'une encre *photochromique*, c'est-à-dire que sa couleur apparaît en fonction de la lumière. C'est une idée épatante. Après avoir fréquenté les boîtes de nuit lors de mes longs mois de backgammon, je sais qu'il y a de très nombreux clients pour un tel produit. Les motifs imprimés sur les tee-shirts seront immédiatement visibles sous les lumières à UV des clubs. Et quand on drague, on aime se faire remarquer !

Je négocie les droits d'exploitation pour la France. Je vais chercher mes tee-shirts à Aubervilliers. Certes, les tarifs sont bas, mais la marge envisagée ne serait pas suffisante. C'est alors que j'ai une idée pour le nom de ma société. Comme la France entière, à l'époque, j'adore le *made in USA* et les marques américaines, comme Van's, Fruit of the Loom, les jeans 501. Alors je nomme ma société USA, c'est-à-dire United Sportswear Association. Je demande logiquement à ce que soit cousue au dos des tee-shirts une étiquette qui porte le nom de la marque. Cela donne donc «Made *by* USA». Je sais maintenant que cette approche était limite. J'apprendrai plus tard que mon grand-père maternel, lorsqu'il vendait ses coupons de laine, annonçait qu'ils étaient de Manchester, alors que ce n'était pas le cas... Il n'empêche que la qualité était au rendez-vous dans les deux cas !

On choisit les motifs : des palmiers, des dragons, des « Je t'aime ». La mise en place est d'abord assez laborieuse. L'encre est visqueuse, elle accroche trop sur les transferts. Je fais appel aux compétences de mes parents : leurs conseils techniques sont précieux. Une fois que l'on a trouvé la bonne formule, on se lance. Je suis associé avec deux gars un peu plus âgés que moi : ils se chargent du commercial et de la communication. Des boutiques se mettent à commander, et nous envoyons un exemplaire de notre tee-shirt à Jérôme Bonaldi, le Géo Trouvetou de « Nulle part ailleurs ». Nous avons de la chance, il fait une démonstration à l'antenne, une démonstration qui *réussit*, pour une fois, contrairement à ce qu'il se passe habituellement ! Petit à petit, les ventes décollent et nous embauchons. Quatre mois après le début de l'aventure, nous employons sept personnes.

## De l'armée à EMMP

Mais l'armée ne m'a pas oublié ! Je suis appelé au mois de juin 1986. Je pense avoir la possibilité de me faire exempter parce que, si je pars, je mets ma société en péril et les emplois qui vont avec. Je passe les premiers examens théoriques. Un responsable m'annonce qu'il souhaite me recruter et m'offrir un poste d'aspirant. J'ai beau lui dire que je ne peux pas être incorporé, que mon entreprise et mes salariés m'attendent, il ne veut rien entendre. Si, à moins de vingt ans, je suis assez malin pour monter ma boîte, je peux leur être utile. C'est comme ça que je commence mes classes à Fontainebleau, avant d'entrer à la caserne de Dupleix…

Mais je n'abandonne pas USA, loin de là. Dès que je le peux, je passe ma vie au téléphone, évidemment en cachette, afin de discuter avec mes associés des décisions à prendre.

J'en profite aussi, bien sûr, pour inonder de mes tee-shirts le foyer de l'armée, comme je le faisais à l'école avec mes écussons. Au bout de quelques mois, je connais tout le monde et certains n'osent même plus me saluer parce qu'ils me doivent de l'argent ! Enfin, le code m'est utile une nouvelle fois : lorsque je suis intégré au service des payes et que je dois créer l'ensemble des fiches de salaires, j'apporte sur place mon PC et je crée de toutes pièces un programme qui me simplifie la tâche. Au lieu de devoir réaliser ce travail en un mois, je le fais en une semaine et, le reste du temps, je peux me consacrer à USA.

Cet épisode de l'armée m'apparaît extrêmement instructif. Cela m'apprend à devoir composer avec des moyens quelquefois limités. Je me souviens d'un championnat interarmées. L'une des épreuves consiste à courir en duo dans un champ avec des crevasses. Chacun de nous a son barda, qui pèse très lourd. Mon camarade et moi, nous n'avons absolument pas les mêmes compétences. Je suis calé en théorie ; lui, très costaud et très endurant, est calé en pratique. La répartition des rôles fait des miracles. Nous commençons par boire toute notre eau, afin de nous délester. Lorsque mon camarade voit que je ne tiens pas, il me propose de prendre mon sac. Grâce à lui, nous réalisons un excellent temps et nous sommes bien classés ! De mon côté, je vise très bien et je fais un carton plein lors d'une épreuve de tir.

Nous apprenons tous ensemble et nous nous entraidons. C'est une vraie leçon de cohésion.

Lorsque je quitte l'armée en 1987, neuf mois après mon entrée, il est trop tard, je ne peux pas sauver ma société United Sportswear Association. Des erreurs, des problèmes rencontrés me font rapidement comprendre que je dois aller au dépôt de bilan. Je sais que ce serait contre-productif que de continuer. Après mon service, je quitte l'appartement familial et je m'installe avec Elena, pendant plus d'un an, dans un HLM du XVIIIe arrondissement, boulevard Ney. On s'y retrouvait déjà lorsque j'étais incorporé. Pour le grand privilégié que je suis, c'est une vraie piqûre de réel. Pendant ce temps, mon père monte EMPP, Édition Marketing Presse et Publicité, une régie publicitaire, c'est-à-dire une société qui achète des espaces publicitaires en gros à des titres de presse et les revend au détail à différents clients. Il travaille avec de nombreux magazines. Mon père ne peut pas en être le gérant – le dépôt de bilan de B. U. T. lui interdit tout mandat de gestion. Et puis, même s'il en avait le droit, les banques pourraient se montrer réticentes à le suivre. Elles prêtent moins facilement à quelqu'un qui a connu cette épreuve... Nous ne sommes pas aux États-Unis où les erreurs construisent les réussites.

Du coup, après la fin d'USA, je suis propulsé gérant d'EMMP ; j'ai aussi un dépôt de bilan à mon actif, mais il n'est pas dû aux mêmes causes que celles qui ont entraîné la fermeture de B. U. T. Du coup, les banquiers ne me considèrent pas comme mes parents. Je n'ai, de toute façon, pas vraiment le choix mais cela me plaît. Si je suis le visage que l'on présente aux tiers, c'est bien mon père qui est aux commandes. Toutefois, j'affûte mes compétences : c'est moi qui me rends aux rendez-vous avec les banques... Je dois dire que je ne manque pas d'assurance. Vingt ans après l'un de mes rendez-vous avec un financier, il se souvient encore de moi lorsque nous nous recroisons dans le cadre professionnel – mon bagout et mon arrogance (la jeunesse !) l'ont marqué. Il est vrai que je garde en mémoire le passif de mes parents avec les banquiers. Quand ils vont à leur rencontre, ils sont dans leurs petits souliers, surtout après la fermeture de l'usine de Frétigny. Leurs interlocuteurs ne les considèrent pas vraiment avec le respect qui leur est dû. Cela m'affecte de voir mes parents ainsi, alors que je connais leur histoire. Quand je me rends à la banque pour EMPP, j'adopte une position tout autre. Je sais que ce que je propose vaut de l'argent : si la personne à laquelle je m'adresse me suit, tant mieux ; si elle ne me suit pas, tant pis, je trouverai quelqu'un d'autre.

Aussi, dès 1987, je lance une campagne de modernisation de la société, en faisant entrer l'informatique, pour gagner du temps. Ce sont les débuts de la PAO (publication assistée par ordinateur) : c'est l'avenir, j'en suis convaincu. Je me déplace aussi, aux côtés de mon père, en région chez les imprimeurs, notamment, mais aussi chez les clients qu'il démarche pour leur vendre les espaces des magazines. Je le vois à l'œuvre et réalise combien il est bon. Je me demande pourquoi certains de ses interlocuteurs lui achètent des espaces alors qu'ils n'en ont pas besoin ! Mais les années 1980 sont l'âge béni de la publicité. Je me souviens d'un coiffeur de province qui achète une double page de réclame dans *Marie-Claire*. Il connaît son heure de gloire, son quart d'heure warholien, même s'il ne double pas son nombre de clients. En parallèle de cette activité, mon père me sollicite aussi pour être mannequin, comme j'ai pu l'être pour B. U. T., et photographe ! Je publie des travaux pour *Jours de France*, *Marie-Claire*, *Marie-France*, etc. Sur les photos où j'apparais, je porte une chemise ou un costume. Je me souviens de la réalisation, à Nice, d'un cahier spécial Côte d'Azur pour *Jours de France*. On devait shooter la photo aérienne d'un vignoble. Je me porte volontaire – les sensations fortes, j'ai toujours aimé ça. On me harnache avec une combinaison, on me suspend à un filin, puis l'on vole en hélicoptère au-dessus de la zone à photographier. J'ai l'impression d'être Bébél, et ce n'est pas pour me déplaire.

Nous connaissons le succès pendant plusieurs années. Et ma vie amoureuse suit son cours. J'aime vivre en fusion avec chacune de mes compagnes. Je n'ai jamais peur de m'engager même si je conserve ma base arrière, dans l'appartement de mes parents, où je laisse mes affaires. J'ai donc la chance de vivre dans les *home sweet home* de mes compagnes, lieux tour à tour grandioses ou coquets, tous représentatifs d'une période et, souvent, d'une femme de ma vie. Je vis une aventure avec Linda, une chanteuse. Elle m'a même fait tourner dans l'un de ses clips. Qu'elle était belle ! Elle est hélas décédée il y a plusieurs années. J'habite avec elle au Trocadéro. Son appartement est empli de vêtements, du sol au plafond. Comme elle est aussi mannequin, elle en achète, on lui en donne, elle en stocke. Il m'arrive de tomber sur une robe, une jupe ou un soutien-gorge aux endroits les plus incongrus. Je vis ensuite dans le XVᵉ arrondissement, avec Chantal, qui a quelques années de plus que moi. Ce n'est pas la première (et la dernière) fois que cela m'arrive… Alors que je suis encore bien jeune, je connais même une aventure avec la mère d'un ami, digne du *Lauréat*, ce film culte avec Dustin Hoffmann, dans lequel l'acteur a une liaison avec une femme bien plus âgée que lui, Mrs Robinson, la première cougar du cinéma. Je ne me suis jamais préoccupé de l'âge des femmes dont j'ai pu partager la vie… En tout cas, j'adore cette femme. Elle dirige sa propre société dans un milieu d'hommes et elle ne se laisse pas marcher sur les pieds. Il se dégage d'elle une puissance extraordinaire.

## Une rencontre

Et puis, je fais la connaissance de Marie-Laure. J'ai vingt-quatre ans, nous sommes en octobre 1990. Je travaille avec mon père depuis quelques années, déjà. Il doit organiser un shooting photo pour l'un de ses clients, l'un des coiffeurs les plus réputés de la place de Paris. Il me demande de me rendre disponible pour être modèle. Je viens, la journée se passe. Nous sommes en pleine campagne, il faut ensuite rentrer à Paris. J'échange avec une jeune femme, Marie-Laure, et l'un de ses amis, Tristan, sur les pneus de leur voiture, une Austin Healey 3000. Je les préviens : je ne pense pas qu'ils tiendront le coup. Je repère, en amateur de véhicules de collection, que les pneus sont presque à plat. Sûrs d'eux, ils partent avant moi. Lorsque je quitte les lieux à mon tour, en bonne compagnie, je roule quelques kilomètres avant de les apercevoir sur le bas-côté, en panne.

Je m'arrête à leur hauteur. Ils ont effectivement un problème avec l'un de leurs pneus. Je leur offre mon cric. Tristan – avec qui je suis toujours ami – prend trop de temps à mon goût. En effet, je suis avec une jeune femme et j'espère bien rentrer au plus vite avec elle, alors il n'est pas question de me retrouver trop longtemps sur le bord de la route. Ils me demandent de leur laisser le cric, mais en vingtenaire égoïste, je ne vois pas pourquoi je le ferais, d'autant que je n'ai aucune intention de les revoir. D'une manière ou d'une autre, je sais qu'ils parviendront à trouver une solution. Je reprends mon cric, je leur souhaite bonne chance et je démarre en trombe.

Tout aurait pu en rester là. Mais, en avril 1991, mon père organise un rendez-vous avec le directeur de Vespa France. Avec Jean-Jacques, nous sommes en train de monter ATV, notre future société de coursiers. Lorsque notre interlocuteur arrive, il est accompagné d'une jeune avocate, qui doit prendre en charge la rédaction des contrats qui nous lieront à la firme : cette jeune femme, c'est Marie-Laure, que j'ai abandonnée avec Tristan, quelques mois plus tôt. Il va sans dire qu'elle a l'air désagréablement surprise de me voir là. Un sourire narquois se pose sur mon visage. À l'issue du rendez-vous, je lui propose de l'inviter à déjeuner et lui demande son numéro de téléphone. Elle me dit qu'elle déclinera toute proposition de ma part mais elle me donne son numéro. J'ai envie de la revoir pour, avouons-le, l'accrocher à mon « tableau de chasse »... Je la rappelle trois jours après. Elle m'avait prévenu, elle me dit non, elle n'est pas disponible. Je la rappelle à nouveau. Puis une troisième fois. Je ne peux plus la lâcher, maintenant.

Une bête question d'honneur mâle. Un jour, ou plutôt un soir, elle me dit oui. Elle travaille donc dans un cabinet d'avocats, elle a vingt-cinq ans, elle aussi. Elle dit qu'elle n'aime pas mes manières. Mais, alors que nous mangeons nos burgers dans un restaurant à la mode, je vois qu'elle commence à me considérer différemment. Surtout, je pense qu'elle parvient à voir au-delà de ma prétention et je la remercie d'avoir su me regarder ainsi. Je suis passionné d'informatique, ambitieux, travailleur. Toujours est-il que je reste un petit con qui veut la titiller, et je lui fais comprendre que j'ai d'autres femmes dans ma vie. Elle me répond que je suis un mufle. C'est l'une des rares femmes de son cabinet d'avocats, un milieu très macho. Elle est habituée aux hommes qui se la jouent et qui parlent plus fort que les autres – on ne la lui fait pas. Elle me dira plus tard que, ce qui l'a séduite chez moi, c'est que je l'ai fait rire.

Ma relation avec Marie-Laure s'installe peu à peu, et je quitte bien évidemment les autres femmes dont je lui ai parlé lors de notre premier dîner. Nous sommes très heureux ensemble et nous développons une relation telle que je n'en ai encore jamais vécu. Je rencontre alors sa famille, ancrée dans les terres du Berry. Le père de Marie-Laure est notaire, sa mère est professeur; Marie-Laure dispose d'un bagage culturel énorme, d'une éducation stricte, quasi aristocratique. Je suis flatté qu'une jeune femme comme elle soit bien avec moi. Sa mère lâche un : « Nous, on aimerait bien que Marie-Laure épouse Julien. » Un samedi, alors que je suis chez moi, je pense à mes parents. Je me dis que je veux épouser une femme qui sera une mère extraordinaire pour mes enfants et je réalise que Marie-Laure, en plus du bonheur que nous partageons en tant que couple, sera celle-là. J'ai toujours eu envie d'avoir des enfants – peut-être pas dix, comme lorsque j'étais gamin – et je sais que j'aimerais les avoir tôt. C'est décidé, Marie-Laure sera ma femme si elle le souhaite aussi.

À ma plus grande joie, Marie-Laure accepte ma demande en mariage et nous nous installons officiellement ensemble dans son appartement de Boulogne. Son studio est entièrement tapissé de noir : murs, moquette, draps, poufs. La seule pièce qui échappe à ce traitement est la salle de bains, turquoise. Elle possède aussi un fauteuil panthère, qui ne me déplaît pas du tout (non pas esthétiquement, mais pour ce que cela veut dire du tempérament de ma future épouse), et de nombreux éléments qui brillent : le strass, c'est son truc. On partage un chien avec le voisin, un architecte. Elle fait partie d'un cercle d'amis riches, plutôt snobs, je dois l'avouer. Ils ne m'apprécient pas vraiment, et me jugent trop différent d'eux. Ils craignent aussi que je ne sois pas à la hauteur de Marie-Laure ou à la mesure de ses désirs. Je crois surtout qu'ils n'apprécient pas que je les humilie au backgammon… Sa propre sœur, Ségolène, ne me porte pas vraiment dans son cœur. Pourtant, des années plus tard, elle deviendra l'une de mes salariés et, après le divorce, nous resterons, comme avec Marie-Laure, de très bons amis.

Le mariage a lieu à la mairie, le 24 octobre 1991. Nous avons choisi de le célébrer en petit comité. Pour financer nos noces, j'ai vendu ma première voiture, une Peugeot 205 GTI, qui nous permettra de nous offrir de beaux souvenirs. L'argent que j'ai gagné au backgammon a été englouti dans United Sportswear Association… Le lieu que nous avons loué pour notre fête à Saint-Tropez est magnifique. Nous voulons tous les deux faire en sorte que ce moment soit unique. Nous savons que nous sommes les opposés l'un de l'autre, mais tout nous attire l'un chez l'autre. Marie-Laure a vu en moi un petit diablotin rock'n'roll qui pouvait la faire chavirer, un cheval de course capable de tout. De mon côté, son élégance racée m'a complètement chamboulé. Aucune religion ne nous sépare, avec Marie-Laure, nous nous comprenons au-delà de nos parcours familiaux.

Les premiers temps juste après le mariage sont un peu compliqués mais, très vite, mes parents et Marie-Laure entretiennent d'excellents rapports. Marie-Laure a l'intelligence de ne pas leur tenir rigueur de leurs petites difficultés à s'habituer à une bru plutôt inattendue. Les parents de Marie-Laure, quant à eux, m'acceptent immédiatement comme un des leurs. Évidemment, notre premier enfant achèvera de rapprocher nos familles.

# VI

## Motos, téléphones et coup de foudre

En 1991, peu de temps avant le début de mon histoire avec Marie-Laure, mon père me parle du fils d'un couple d'amis, coursier, qui souhaite lancer – justement – une entreprise de coursiers. Il me demande de lui créer une plaquette commerciale ; je lui trouve le nom « À votre service ». Lorsque mon père lui transmet la plaquette, il me propose, plutôt que de rémunérer mon travail, de prendre la moitié de sa société. Jean-Jacques et moi décidons de nous associer : c'est un excellent commercial et je sais qu'il nous trouvera des clients en peu de temps. Je suis le gérant, et notre partenaire s'occupe de recruter et de manager les coursiers. Au bout de trois mois, ça fonctionne bien, très bien même, mais le troisième larron de notre association ne nous convient pas : il n'est pas tout à fait en adéquation avec nos ambitions ni avec nos manières de travailler. Nous décidons de lui rendre nos parts et de monter, de notre côté, une nouvelle structure. Ce sera ATV, « À Toute Vitesse », notre raison sociale, qui aura ensuite pour nom commercial coursiers.com. Nous restons à nos postes favoris : commercial pour Jean-Jacques, gestionnaire pour moi. En pleine guerre du Golfe, l'économie est plutôt en berne, mais on s'accroche.

En parallèle, je me désengage de certaines tâches d'EMPP, pour lequel mon père continue d'officier. EMPP cessera toute activité en 1993, lorsque la loi Sapin régulera le marché des commissions des régies publicitaires. Dès lors, mes parents ne pourront plus réaliser les mêmes opérations, car l'écosystème aura entièrement changé. Pourtant, mon père et ma mère, avec près de quarante ans de travail acharné, ne s'arrêteront pas là. Grâce à son carnet d'adresses bien garni, mon père continuera à exercer en tant que consultant et apporteur d'affaires. Ma mère, qui continue d'exceller dans l'expertise, sera sollicitée dans plusieurs domaines pour partager son savoir-faire. Jusqu'à l'aube des années 2000, ils continueront de travailler, tout en étant de merveilleux grands-parents et des conseillers avisés.

## À toute vitesse !

Au début de l'aventure ATV, nous n'avons pas beaucoup d'argent pour louer nos bureaux et nous quittons Boulogne où se trouvait À votre service. Une amie qui travaille dans l'immobilier me propose un local dans le XX$^{e}$ arrondissement : vingt mètres carrés au rez-de-chaussée et quinze au sous-sol. Durant six ans, nous vivrons là de formidables moments. Jean-Jacques excelle à son poste, il démarche sans cesse, prend des tonnes de rendez-vous. La plupart de ses interlocuteurs sont des interlocutrices, des secrétaires de direction, et il joue la carte de la séduction, tchatche, envoie des fleurs.

Souvent, ça marche. La société se développe brillamment et elle intègre de précieux éléments. En 1992, un gaillard blond de 1,92 mètre, en short, se présente au bureau. Jimmy a dix-huit ans et cherche un boulot pour l'été. Il n'a jamais été coursier mais dit connaître Paris comme sa poche. Il m'inspire, je lui donne sa chance. Il se révèle un excellent coursier. Une vraie petite bombe : il a toujours la bonne adresse, le talkie-walkie à la main (les portables n'existent pas encore !). Il comprend tout et ne fait rien répéter. Il enchaîne les courses, indique quand il est sur le chemin, quand il a fini. Il est toujours en liaison avec sa base et, sans griller les feux rouges, réalise des courses dans des temps fabuleux. Il a compris le métier; mieux, il l'incarne à la perfection. Progressivement, Jimmy deviendra dispatcheur, puis responsable du pôle des dispatcheurs, puis responsable d'exploitation et enfin directeur général. Il partira, un temps, chez la concurrence, puis reviendra, comme d'autres. C'est ma meilleure récompense. Nous avons formé beaucoup de gens, deux de nos principaux concurrents ont d'ailleurs été montés par des anciens d'ATV. Cela ne me dérange pas, c'est une superbe carte de visite. Jimmy gère désormais cent cinquante personnes d'une main de maître. ATV lui doit beaucoup, et je ne l'oublierai jamais. J'ai aussi partagé avec lui de nombreux moments de ma vie personnelle, car il n'y a plus de frontières avec les gens avec qui l'on travaille quand on s'apprécie.

Très vite après notre mariage, comme nous l'espérons, Marie-Laure tombe enceinte. Pour notre enfant, nous avons préparé une chambre jaune poussin. Marie-Laure et moi voulons tous les deux être parents : nous rêvons de ce premier enfant qui vient sacrer un si bel amour, une relation si épanouissante. Quand nous apprenons qu'il s'agit d'un petit garçon, nous sommes comblés. Je ne suis pas anxieux à l'idée de son arrivée, mais plutôt très curieux. Le jour de l'accouchement, le 9 septembre 1992, lorsque mon fils est sur le point de venir au monde, je crains deux choses : qu'il ne soit pas en bonne santé et que ma femme subisse une épisiotomie. Marie-Laure est courageuse, elle pousse de toutes ses forces, elle souffre et lutte. Mais l'équipe médicale est formelle : il faut un coup de ciseaux. «Non, s'il vous plaît, pas de coups de ciseaux.» Mais il le faut... Et là, notre bébé paraît. Il va bien ! Quel bonheur... Je vais le déclarer à la mairie – en temps et en heure –, Marie-Laure et moi nous sommes entendus sur le prénom, celui que porte Richard Gere dans *Officier et gentleman*. Il s'appelle Zack. Nous avons opté pour la version longue. Lorsque l'employée d'état civil me demande comment j'orthographie le prénom, j'épelle le plus simplement du monde *Z-a-c-a-r-y*. Mon interlocutrice est interloquée, elle avait autre chose en tête. Mais ce sera bien *Zacary*, un prénom original et racé !

Nous vivons désormais dans le XVIIe arrondissement, juste en face de L'Entrecôte de Venise, fameuse institution parisienne. Est servi un seul plat : une entrecôte finement coupée avec de la salade aux noix, des frites à profusion et une sauce dont la recette est gardée secrète. J'admire la stratégie marketing qui fonctionne à merveille – une file d'attente longue comme le bras est toujours visible depuis notre fenêtre. D'ailleurs, lorsque nous voulons y aller, nous guettons à travers les vitres les moments creux pour avoir une table – Zacary devra attendre un petit moment avant de goûter leurs frites.

D'abord, les biberons ! Nous remarquons rapidement que le jaune que nous avions consciencieusement appliqué sur les murs lui donne une mine terrible. Le pauvre semble toujours nauséeux. Nous posons une nouvelle couche, puis nous testons toutes les couleurs de l'arc-en-ciel avant de trouver un superbe gris perle, qui donne à Zacary un teint rosé de bébé heureux !

Je passe toutes les nuits à m'occuper de mon fils et c'est ce que je ferai pour chacun de mes enfants. Je le fais parce que j'adore ça et, naturellement, pour soulager leur mère. J'ôte la couche, je mets la crème, je remets une nouvelle couche, je berce, je fais faire un rototo, je berce, je câline, je chante aussi. Comme avec mes bons vieux programmes informatiques, il suffit d'enchaîner une action après l'autre. J'aime beaucoup le moment de la sieste : je me couche sur le dos, je prends mon bébé et je l'allonge, en étoile, de chaque côté de mon torse. Ses bras, ses pieds se balancent et nous dormons l'un contre l'autre. Ces moments m'emplissent de sérénité et de joie. Nous changeons d'appartement pour plus grand : nous voulons donner un petit frère ou une petite sœur à Zacary. Carla naît le 3 août 1995. Après mon prince, voici ma princesse qui a droit elle aussi à sa comptine de nuit que je connais encore par cœur : « Vent frais, vent du matin / Vent qui souffle au sommet des grands pins… ».

Devenue mère, Marie-Laure n'arrête pas d'être un superbe catalyseur pour ma réussite, d'une part, et pour la sienne aussi, bien sûr. Après avoir été avocate, elle est devenue attachée parlementaire. Elle ne compte pas ses heures de travail, alors même qu'elle s'occupe merveilleusement bien de nos enfants et de notre vie de famille. Je sais que les femmes ont deux fois plus (que dis-je, mille fois plus) de charges que les hommes. Elles doivent être à la hauteur dans de nombreux domaines, avec une pression qui diffère considérablement de celle que l'on impose (aussi) aux hommes. Marie-Laure a de grandes ambitions pour nous, des rêves de voyages, des désirs de cadre de vie merveilleux. Elle fait tout pour m'encourager, pour me motiver à aller encore plus loin. Dans le Berry, à proximité de là où elle a passé son enfance, avec le soutien précieux de son père, nous achetons ce qui deviendra notre maison de campagne. Au fil des années, nous parviendrons à en faire le cocon dont nous avions toujours rêvé. Les travaux sont longs et laborieux. Il faut d'abord poser un toit : la maison tenait debout avec quatre murs, rien de plus. Mais nous savions qu'avec de l'amour et de la patience, nous en ferions notre château... Quelque temps après la naissance de Carla, nous louons donc un nouvel et bel appartement, grâce aux heures de travail que je ne compte plus chez ATV. J'ai l'impression de revivre ce que mes parents ont pu m'offrir quand j'étais petit, même, peut-être, de faire encore mieux qu'eux pour nos enfants. Nous habitons tous les quatre dans ce lieu incroyable, mais ce luxe aura un prix terrible. Marie-Laure et moi travaillons d'arrache-pied et nous manquons de temps pour nous voir seulement tous les deux, en amoureux, comme à nos débuts.

## Décrocher le jackpot

Ce qui nous offre ce luxe à double tranchant, c'est le développement fulgurant d'ATV. Et cette entreprise va aussi me mener sur le chemin d'une nouvelle vie. Au début de l'automne 1996, Robert, mon comptable de longue date, attire mon attention sur un projet qui lui semble très *très* intéressant. Il a rencontré un homme d'affaires, Patrick, qui lui assure avoir une idée phénoménale, concernant la téléphonie. Il est persuadé de l'immense potentiel de son projet. Mais attention, Robert n'omet pas de me préciser le hic : Patrick a au compteur trois dépôts de bilan. Cela étant, il semble tout à fait convaincu par ce business supposément juteux. Je n'y connais absolument rien en téléphonie, mais je suis curieux, alors je dis oui.

Lorsque Patrick entre dans mon petit bureau, il est passionné, et me dit d'entrée de jeu : « Écoutez, Julien, la déréglementation des télécoms aura lieu en 1998, nous avons un peu plus d'un an pour mettre en place mon projet et décrocher le jackpot. » En effet, dès le 1er janvier 1998, les services et les réseaux de télécommunication ouvriront à la concurrence – France Télécom ne sera plus seul sur le marché. Des opérateurs de toute nature, de tout pays, pourront vendre des minutes de communication directement aux consommateurs. Je lui demande de m'expliquer quel serait notre business : il s'agit d'acheter des minutes de communication en gros à un opérateur étranger – British Telecom – puis d'installer des boîtiers de reroutage derrière les centraux téléphoniques des entreprises. À une époque où Internet est encore balbutiant, toutes les entreprises sont dépendantes des communications longue distance. Nous serons leurs fournisseurs de minutes à un prix compétitif, bien évidemment, via ces boîtiers, et non plus par l'intermédiaire de France Télécom. Ces minutes nous auront coûté beaucoup moins cher auprès de British Telecom, puisque nous en aurons acheté des quantités stratosphériques ! Une nouvelle fois, la massification fonctionne : comme mon père revendait les *espaces publicitaires* achetés en gros, je m'apprête à revendre des *minutes* achetées en gros. Notre marge sera considérable. Je dis souvent, et je le pense, que l'univers n'aime pas le vide. Quand il y a une place, il faut la prendre. J'annonce à Patrick que je veux me lancer avec lui, bien sûr.

Dans les locaux du sous-sol d'ATV, nous montons une structure, DirectLine. Bien évidemment, nous mettons en avant l'instantanéité de nos prestations, le lien immédiat mis à disposition du consommateur. Nous ne sommes pas les seuls à nous être engouffrés dans cette voie : quatre autres sociétés se sont lancées sur le même créneau, certaines seront achetées par des opérateurs internationaux (et leurs créateurs feront une énorme plus-value), d'autres seront introduites en Bourse. Nous offrons des réductions, créons des abonnements personnalisés, etc. Ma charge de travail s'amplifie considérablement, alors même que je travaille déjà à plein temps pour ATV. Impossible de quantifier les heures que je passe hors de chez moi. Alors, mon mariage avec Marie-Laure s'érode peu à peu et nous ne le comprenons que trop tard. Nous avons patiemment construit notre relation, mais nous sentons que quelque chose s'abîme. Si nous sommes d'heureux parents, complices, il est vrai que notre couple se délite. Nous nous aimons et nous continuons de nous désirer, mais une part très importante de notre affection semble se diriger avant tout vers nos enfants. Je n'ai aucune idée de la façon dont se passeront les prochains mois, mais j'ai d'ores et déjà compris qu'après plus de six ans passés ensemble, quelque chose s'est malheureusement brisé entre nous.

Cette période douloureuse, où je sens que quelque chose se joue dans mon couple, est également une étape décisive pour moi au niveau professionnel. J'ai trente et un ans, c'est le moment ou jamais de passer la vitesse supérieure maintenant que j'ai deux sociétés à ma charge. Lorsque je travaille au sous-sol pour le compte de DirectLine, je reroute moi-même les appels du haut, les courses commandées par les clients d'ATV. Jean-Jacques travaille toujours avec moi chez ATV – heureusement que je peux compter sur lui – et, chez DirectLine, avec une superbe équipe capable d'aller chercher de nouveaux clients. Il faut les appeler, un à un, et répéter le même discours : « Oui, vous pouvez réduire votre facture téléphonique, oui, bien sûr, c'est très rapide, il suffit simplement d'installer un boîtier, etc. » Je recrute mes téléconseillers parmi l'entourage de Ségolène, la sœur de Marie-Laure, qui a dix ans de moins que nous. Ils ont vingt ans et sont pleins d'énergie – ils deviendront pour la plupart des cadres dirigeants de grands groupes, notamment dans les télécoms. Notre pari est gagné : semaine après semaine, de nombreuses sociétés nous font confiance.

En parallèle, le chiffre d'affaires d'ATV s'envole : je crée un programme pour gérer le dispatching et le flux des coursiers. Après avoir commencé à deux avec mon frère Jean-Jacques en 1991, nous sommes quarante personnes en 1996. L'année suivante, nous achetons, juste en face de nos anciens locaux, cent vingt mètres carrés pour installer nos nouveaux bureaux. Parfois, nous jouons à *Mario Kart*, un jeu vidéo de course de voitures.

Comme nous donnons sur la rue, les gens de l'extérieur peuvent nous voir. Certains viennent sonner chez nous, comme Jimmy l'a fait à nos débuts, pour savoir s'il y a une place à pourvoir, parce qu'ils se disent que nous ne sommes pas comme les autres et que ce doit être chouette de bosser ici. Il nous arrive aussi, de faire, Jean-Jacques et moi, quelques courses dans Paris, pour donner un coup de main quand le planning est en surchauffe. Je roule en moto de toute façon, alors je suis très à l'aise, et puis j'aime connaître toutes les facettes du métier. Pour réussir à boucler les journées, nous ne quittons parfois pas le bureau avant 23 heures, alors même que nous sommes arrivés très tôt le matin. Le travail tombe de partout.

Très vite, du côté de DirectLine, nous connaissons une croissance à deux chiffres – nous avons réussi à réaliser ce que nous espérions. Nous pouvons voir plus grand, maintenant. Nous avons désormais de nouveaux fournisseurs, en plus de British Telecom, dont Western Telecom, une société française, dirigée par Raymond, qui, en l'espace de cinq mois, devient notre principal fournisseur. Mais notre lien commercial très puissant peut s'avérer finalement dangereux pour cette structure : 40 % de son chiffre d'affaires dépend désormais de nous. Alors Western Telecom propose de racheter DirectLine. Ils possèdent en interne une infrastructure informatique et des développeurs. Nous leur offrons des débouchés colossaux. Si l'on se rapproche, on peut s'introduire en Bourse et tout le monde en sortira gagnant. Nous sommes partants pour l'aventure !

## Changement d'époque

Mais, à la maison, notre si belle aventure de couple, avec Marie-Laure, semble toucher à sa fin. Nous passons nos journées à nous croiser, et cela symbolise bien l'état de notre relation. Nous ne sommes plus vraiment ensemble. Notre intérieur, splendide, donne une impression de réussite, mais notre rupture est désormais inévitable. Nous ne nous entendons plus, nous n'avons plus, à notre grande tristesse, la même approche de ce qui nous épanouit. C'est inéluctable, nous nous séparons. Toutefois, *business is business :* Marie-Laure devient directrice générale d'ATV en janvier 1998, car la Commission des opérations de Bourse ne permet pas que je sois directeur général de deux sociétés à la fois. Je sais gré à Marie-Laure d'avoir accepté de prendre la relève. Bien sûr, je sais alors que, quoi qu'il arrive, elle saura superbement relever ce défi, au vu des qualités qu'elle a déployées au fil de sa carrière. Elle réussira si bien qu'elle restera au sein d'ATV jusqu'en 2010, bien après notre divorce. Notre histoire ne s'arrêtera jamais, elle se transformera simplement.

En plus de la séparation d'avec Marie-Laure, une autre se profile, douloureuse aussi, d'avec Jean-Jacques. ATV se porte très bien et fait route vers un bel avenir mais, par rapport au boom de Western Telecom, cela semble un moindre succès. Et nous avons aussi, Jean-Jacques et moi, des modes de vie différents : je suis déjà père de famille, lui ne l'est pas encore. Il aspire à autre chose et décide, à trente-trois ans, de partir en bateau. Je lui rachète ses parts d'ATV, que nous avons fondée ensemble. Il quitte Marseille puis, après un voyage de deux mois et demi, va s'amarrer dans différents ports de la Méditerranée… pour cinq ans. Il revient ensuite en France, y fonde une famille, puis repart de nouveau, mais avec sa femme et leurs trois enfants, cette fois ! Cela ne nous empêche pas de continuer à partager des moments formidables. Je me souviens de mon baptême de plongée avec lui. Nous sommes descendus à trente mètres de profondeur ; habituellement, cela se fait à « seulement » cinq mètres ! Comme lorsque nous étions petits, je veux aller le plus loin possible et toucher le fond. Je suis trop intrépide. Heureusement, il sait me protéger lorsque nous remontons, après m'avoir accompagné dans les profondeurs sous-marines. Grâce à lui, je respecte les paliers de décompression, évitant un accident.

Et la vie est pleine de surprises. À l'aube de la déréglementation, Patrick me présente Karine. Ils se sont rencontrés par l'intermédiaire de leurs enfants respectifs. Elle cherche un travail et Patrick pense que je peux lui en proposer un. Lorsqu'elle entre dans mon bureau, je remarque immédiatement sa beauté et sa distinction. Elle est magnifique, mais ça n'est pas tout : elle parle terriblement bien *business* et me tient la dragée haute. Lorsqu'elle quitte mon bureau, longtemps après y être entrée, elle détient 15 % des parts de la société, dont elle est devenue la directrice commerciale des ventes indirectes… et je suis tombé amoureux en moins de temps qu'il en faut pour le dire. Mais attention, elle prend ses fonctions parce qu'elle est compétente en vente, en RH, en commercial, et non parce qu'elle deviendra ma compagne des mois plus tard. C'est une femme polyvalente !

Comme j'aime à le dire : elle gagne sa place, jamais je ne l'assois dans le fauteuil. J'apprends que Karine est récemment divorcée et qu'elle a trois enfants en bas âge : Jordan, Carla (!) et Aaron. Lorsqu'elle achète ses parts dans la société, je lui dis que ça vaudra vingt fois plus dans un an. Je ne me trompe pas. Lorsque je rencontre Karine, je m'interroge sur les raisons qui me poussent à être si fonceur. Je commence à avoir des états d'âme, à changer. Tandis que le pays s'enflamme pour la Coupe du monde 1998, l'entrée en Bourse de Western Telecom est imminente et mes sentiments pour Karine se développent À Toute Vitesse…

# VII

## Un accident de quad décisif

En juillet 1998, Western Telecom est introduit en Bourse. Je me souviens de cette journée, si importante, qui pouvait inaugurer une nouvelle ère de ma vie. J'ai convié, le soir même, les salariés historiques de Direct-Line avec lesquels tout avait commencé. Les actionnaires, dont je fais donc partie, sont tous virtuellement riches. Bien sûr, il existe des verrous (des lock-up), qui empêchent les actionnaires de vendre pendant douze mois, pour ne pas flouer à la fois le marché et les petits porteurs. Deux stratégies s'offrent alors à nous : soit nous décidons de faire exploser la valorisation de la société (en développant des infrastructures), soit nous optons pour la vente de nos actions. Je suis en faveur de la première option. Mais, quand on dirige une société, *a fortiori* lorsqu'elle vient d'entrer sur le marché, il faut un décisionnel fort. Hélas pour moi, Raymond ne partage pas du tout la même vision que moi. Hélas pour la société aussi. Raymond est un théoricien, je suis un praticien, c'est aussi simple que ça.

Je tente malgré tout de mettre l'accent sur le développement de la société, afin d'en prouver les bienfaits à

Raymond. Je confie à Ségolène, mon ex-belle-sœur, la création de la filiale belge : à vingt-deux ans, alors même qu'elle vient d'une famille de notaires, elle a de l'enthousiasme et du bagout – l'ADN commercial Cohen ! À elle seule, elle monte Western Telecom Belgique. J'appuie l'établissement de filiales à l'étranger : Allemagne, Angleterre, Espagne. Je réalise de nombreux voyages, afin de localiser les clients potentiels. Je veux mettre en place des infrastructures durables, de vrais centraux téléphoniques, réaliser une levée de fonds, mais Raymond ne semble décidément pas très enclin à me suivre. Certes, il est président, mais je suis directeur général, président des filiales et directeur financier et, dans les faits, cette société, c'est moi qui la dirige.

## Nouvel organigramme, nouveau départ

Et puis, en octobre 1998, j'ai un accident de quad, dans le Berry : je tombe dans un ravin, dans les bois, à proximité d'une rivière. Heureusement, je ne suis pas projeté dans l'eau, mais je suis sonné et bien amoché par la chute. Comme je n'ai pas de portable – ce n'est toujours pas l'époque –, il faut que je réussisse à me sortir de là tout seul, et plutôt rapidement. J'ai terriblement mal à la jambe gauche, du sang coule dans ma botte. Je parviens à ramper tant bien que mal, en hurlant, dans l'espoir que quelqu'un passe sur la route et m'entende. Au bout d'une trentaine de minutes, qui m'ont paru très longues compte tenu de ma blessure, trois gars à motos finissent par arriver et s'arrêtent à ma hauteur. Les pompiers viennent au plus vite, je suis transporté dans un hôpital parisien en urgence, et je me fais opérer des ligaments croisés dans la soirée.

Lorsque je retourne au siège de Western Telecom quelques jours après, je suis en béquilles. Les gens me regardent d'un air bizarre et me conseillent d'aller ouvrir mes mails. J'allume mon PC et découvre un message de Raymond adressé à l'ensemble du personnel. Il présente le nouvel organigramme de la société. Le poste de directeur financier est désormais occupé par quelqu'un d'autre, mais je me souviens très bien d'avoir lu cette formule surréaliste : « Julien Cohen *reste* directeur général et président des filiales ». Alors que je suis le numéro 2 de la société, son deuxième plus gros actionnaire, je n'ai pas été mis au courant de ce recrutement, sans même parler de mon éviction du poste. Je vais immédiatement voir Raymond pour lui demander des explications. Du reste, je ne crois pas lui avoir laissé le temps de me répondre : cette société, c'est moi qui la *drive* au quotidien, son chiffre d'affaires, ce sont mes équipes et celles de Karine qui le réalisent. J'ai le plaisir de lui présenter ma démission et j'ajoute que, n'ayant plus aucun lien avec Western Telecom, je vais sous peu mettre mes actions en vente sur le marché : le cours de la société va s'effondrer. Raymond ne me croit pas. Et pourtant... De nombreux employés, dont les anciens de chez DirectLine, quittent Western Telecom après l'annonce de mon départ. Comme je l'ai annoncé, je vends mes titres et le cours de l'action s'effondre, passant de plus d'une dizaine d'euros à une quinzaine de centimes. Karine et Patrick ont vendu leurs actions juste avant la cotation en Bourse et ne sont pas affectés par cet incroyable scénario. Si j'agis ainsi, c'est parce que je n'ai plus confiance en Raymond – il n'a pas su communiquer avec moi lorsque c'était le moment. Il ne peut conduire Western Telecom qu'à sa perte : quand un leader ne tente pas de s'entendre avec son équipe, cela va forcément à l'échec. L'avenir me donnera raison à moyen terme, puisque la société déposera le bilan quelques années plus tard. Par ailleurs, je sais d'expérience qu'il est illusoire de se battre contre l'actionnaire principal : si je ne partage pas ses idées, cela n'a aucun sens de conserver mes actions. Je les liquide dès que possible, en mars 1999. J'obtiens beaucoup moins que ce que j'espérais lorsque nous nous sommes lancés dans cette aventure.

Mais ce que je retiens surtout, c'est qu'au cours des derniers mois, mon histoire avec Karine prend forme. Depuis plusieurs mois, nous travaillons ensemble et apprenons à nous découvrir. Je la vois évoluer quotidiennement, à l'aise comme un poisson dans l'eau – je suis complètement séduit par ce qu'elle est, par ce qu'elle dégage. Notre relation commence peu de temps avant la déflagration Western Telecom. Je m'installe avec Karine, dans son appartement de Joinville-le-Pont, où elle vit avec ses trois enfants. Marie-Laure quitte notre ancien domicile, et je prends en charge l'appartement qu'elle choisit à Boulogne, avec Zacary et Carla. Il est essentiel pour moi de continuer à la soutenir. Tous les matins, je fais Joinville-Boulogne pour voir mes enfants puis Boulogne-Montreuil, où se trouve le siège d'ATV, cumulant les kilomètres, en moto, sur le périphérique francilien.

Karine et moi, nous nous racontons nos histoires respectives. Dès sa plus tendre enfance, elle a suivi son père, multi-entrepreneur, lui aussi. Le business l'a toujours passionnée. Cette similarité dans nos parcours nous le confirme : nous sommes faits l'un pour l'autre. Pendant des années, Karine a travaillé avec son mari, un fabricant de vêtements. Toute jeune, dans le milieu des années 1980, elle a voyagé avec lui en Asie, à l'époque où je lançais United Sportswear Association, avec mes tee-shirts «photochromiques». Si elle s'est spécialisée dans le prêt-à-porter, elle a toujours considéré que chaque affaire pouvait être appréhendée sous un seul et même angle, immuable : coût, investissement, taille du marché, etc. Peu de temps après sa séparation d'avec son mari, elle s'est mis en tête d'explorer un nouveau domaine d'activités, et c'est alors que nous nous sommes rencontrés, lors du lancement de Western Telecom. Si cet épisode nous a permis de nous connaître, il ne nous a pas permis de monter une affaire stable. Toutefois, Karine et moi avons la chance extraordinaire de pouvoir prendre un nouveau départ, alors qu'ATV poursuit tranquillement sa route. Nous avons, chacun, l'envie de faire toujours plus. Nous ne pouvons pas nous contenter d'ATV, il nous faut essayer autre chose, nous ne tenons pas en place.

## Premiers pas dans la brocante

Forte de son expérience chez Western Telecom, Karine commence à proposer ses services en tant que consultante au sein d'entreprises de télécom. Je suis admiratif de la voir rebondir aussi vite, de se lancer immédiatement dans cette nouvelle aventure. De mon côté, je détiens le montant des actions que j'ai revendues. À ce moment-là, j'ai la possibilité de me lancer dans d'innombrables business. J'ai trente-deux ans, je suis parvenu à monter de toutes pièces une affaire lucrative en quelques années, je viens de rencontrer ma nouvelle compagne. Je me sens sur le toit du monde, malgré le semi-échec de Western Telecom. J'espère justement conjurer le sort, alors j'investis l'ensemble de mon argent en Bourse. Ma lecture de jeunesse, *La Tribune*, qui satisfait mon intérêt pour les transactions boursières, a perduré. J'ai toujours eu l'envie de m'essayer à ce pari, si risqué. Karine tente pourtant dès le départ de me mettre en garde : ce n'est peut-être pas si prudent. Mais je suis encore très sûr de moi. Alors je me mets à trader. J'investis dans de nombreuses sociétés et, au départ, j'obtiens des résultats incroyables. Lors des introductions en Bourse, je suis très bien « servi », comme on dit dans le milieu. Si je demande mille actions et que certains acheteurs sont rationnés et ne peuvent en acheter que cent, j'obtiens très souvent les mille demandés. Mon premier réflexe est de remercier ceux qui me réservent un si bon traitement, je fais livrer des petits fours par centaines pour remercier la totalité de la salle de marché. Et, durant toute l'année 1999, j'ai la sensation d'être revenu à mes parties de backgammon. J'encaisse beaucoup de cash, mais c'est comme si je ne faisais rien pour le gagner. Je continue de travailler pour ATV, bien sûr, mais la majeure partie de mes gains proviennent de la Bourse. C'est un sentiment étrange : je connais tous mes coursiers, je les vois travailler dur, proposer un service impeccable et bien gagner leur vie au sein de ma société, mais j'évolue par ailleurs dans un monde virtuel, où les efforts fournis ne sont pas comparables, où les récompenses pour des paris, certes risqués, sont parfois démesurées. Comme d'autres l'ont dit et le diront mieux que moi, je sais que je n'ai pas reçu les mêmes cartes que tout le monde. Si, pour moi, la vie peut être un jeu, je sais qu'il n'en est rien pour la plupart des gens qui m'entourent. Ou qu'il s'agit d'une partie dont les dés sont pipés. Il n'est pas étonnant de voir des millionnaires dépenser des fortunes invraisemblables : ils n'ont pas durement gagné leur argent. Je commence à ne pas me sentir très bien dans mes pompes. Karine me prévient qu'il faudrait lever le pied, mais je ne sais pas comment faire. Au contraire, j'appuie sur l'accélérateur.

Bientôt, je suis contacté par un cabinet d'avocats qui me met en relation avec un investisseur : il mise sur plusieurs start-up qu'il souhaite restructurer. Je me transforme alors en consultant de luxe, en parallèle d'ATV *et* de mes paris boursiers. Je joue à plusieurs parties en même temps, d'une certaine façon. Peut-être que ce n'est pas la plus sage des approches... Je réalise l'audit de ces sociétés et, comme on ne se refait pas, je m'associe rapidement avec cet investisseur sur deux projets : le premier, Galaxy, est une société qui vend des télévisions avec des boîtiers Internet intégrés (faute de levée de fonds, elle ne durera pas plus d'un an et demi); le deuxième, Enchereonline, est un site Internet, à mi-chemin entre Drouot.com et eBay.

Nous lançons le site dès 1999. Ce sera ma première incursion professionnelle dans le monde de la brocante, près de vingt ans avant « Affaire conclue » ! Il s'agit, très simplement, d'un site spécialisé en antiquités haut de gamme. Nous travaillons en B2B, c'est-à-dire entre professionnels : nous devons convaincre des marchands de mettre en ligne leurs produits sur notre site. Notre objectif est de toucher les amoureux des objets à travers le monde, en leur proposant des pièces d'ordinaire hors de portée si l'on ne voyage pas. Nous avons la chance de commencer à collaborer avec des passionnés, qui font tous le pari de nous suivre. La valse des objets est lancée sous mes yeux enchantés. Mon expertise plus poussée commence à ce moment-là, quand je dois dresser l'inventaire de ce qui entre en stock chez nous. Je développe un regard plus pointu sur des commodes Boulle, de somptueux vases Lalique, des tableaux, des fauteuils, mais aussi des pièces d'argenterie en argent massif. Je me sens vraiment à ma place. Nous mettons également en place un collège enthousiaste de quatorze commissaires-priseurs, salariés de l'entreprise. Avant « Affaire conclue », j'ai déjà une équipe de choc, prête à dater en un instant la facture d'un éventail ou à expertiser les pierres qui ornent un collier.

Pour offrir une vitrine digne de ce nom à notre entreprise, nous achetons une boutique aux puces de Saint-Ouen, rue des Rosiers, à quelques encablures du stand que j'achèterai lorsque, plus d'une quinzaine d'années après, l'aventure Mes Découvertes commencera. Nous nous installons également rue Cadet, juste à côté de Drouot, la salle mythique de ventes aux enchères. Nous sommes encouragés par la cession de belles pièces et l'engouement que l'on ressent chez nos interlocuteurs. Nos clients se réjouissent de pouvoir acheter en ligne des objets qui se trouvent à des milliers de kilomètres de chez eux. Mais ils ne sont pas assez nombreux :

à l'orée des années 2000, l'ADSL n'existe pas, personne n'est connecté comme nous le sommes aujourd'hui. La frange de la population susceptible de s'intéresser à nos services est potentiellement énorme, mais elle n'est pas encore sur Internet. Nous espérons, malgré tout, parvenir à développer Enchereonline. Karine met en pause son activité de consultante et me suit lors de mes voyages aux États-Unis pour asseoir la société : le pays est, à l'époque, le premier débouché pour les antiquités. Quelle chance j'ai de l'avoir à mes côtés !

Pendant ce temps, du côté de la Bourse, peut-être enhardi par mon enthousiasme d'Enchereonline, je continue de m'orienter vers des effets de levier de plus en plus hauts, de plus en plus risqués : les sommes que l'on peut gagner sont vertigineuses, tout comme celles que l'on peut perdre. Il est sûr que je joue aussi pour nourrir le développement du site. Et puis arrive ce qui devait arriver, alors que je prends des paris vraiment dangereux, mes actions plongent. Et, au fil des jours, je reçois des appels de marge, qui me demandent de rembourser les pertes que j'essuie. Au bout de quelques mois, mon compte est clôturé et je perds la totalité de ce que j'ai – je perds même le solde de mon compte en banque. Je détiens encore la maison de campagne avec Marie-Laure, mais notre divorce n'est pas encore soldé, et il est entendu entre nous que c'est à elle que cette maison reviendra.

## Fin de partie

Je suis clairement en fin de partie. Au-delà de cet effondrement boursier, malgré notre enthousiasme et nos efforts, Enchereonline s'avère être un pari difficile à emporter. L'argent ne rentre pas. Nous sommes mobilisés, mais notre clientèle est trop mince. Nous avons un besoin urgent de nous faire connaître. En 2001, nous essayons de monter une ultime levée de fonds, afin de promouvoir notre site. Même si nous avons pâti de l'impitoyable loi des marchés financiers, nous ne pouvons pas nous en passer. Mais, une nouvelle fois, la chance n'est pas au rendez-vous : la bulle Internet a explosé, les valorisations boursières des start-up sont au plus bas. Le marché, comme on dit, est devenu morose, et les investisseurs sont frileux. Nous ne pouvons pas continuer comme ça. À contrecœur, nous comprenons qu'il faut abandonner Enchereonline. Pourtant, nous étions et nous restons convaincus que, si nous avions pu réussir notre levée de fonds, il serait devenu le plus gros site de vente d'objets d'art et d'antiquités en ligne. Nous étions un peu en avance et la question du timing, dans les affaires, est cruciale. Cette aventure est néanmoins un vrai tournant pour moi : c'est un échec, pourtant je réalise à quel point évoluer dans le monde de la brocante m'a ravi. Mon cœur de fils palpite à l'idée de suivre les traces de mes parents. Il m'est d'autant plus difficile d'accepter de clore ce chapitre en 2001.

Pour compléter le tableau, je dois faire face à un arriéré fiscal stratosphérique, qui se fonde sur mes gains en Bourse avant la banqueroute. Or je n'ai plus rien. Il me reste ATV, bien sûr, mais je ne possède pas de patrimoine susceptible d'éponger cette dette colossale. Il me faudra sept ans pour restituer l'intégralité de ce que je dois aux impôts. Ma vie n'a pas été frappée par des épisodes terribles qui vous marquent pour toujours – un accident grave, une longue maladie. J'ai la chance d'avoir pu, jusqu'en 2001, jouer sans craindre quoi que ce soit. Cet épisode, qui met en péril mon équilibre financier personnel me fait clairement comprendre que la vie n'est pas toujours un jeu. Surtout, je m'interroge sur le sens de tout ça : cela vaut-il la peine de s'échiner à ce point pour risquer de perdre d'un coup tout ce que l'on possède ? Dans quel but ? Ma course effrénée vers la réussite m'apparaît toujours comme un moteur extraordinaire, mais je sens qu'il me faut apprendre à courir un peu différemment.

En 2001, je retourne chez ATV, ma société de toujours, qui fête alors ses dix ans d'existence. Karine, de son côté, relance ses services de consultante auprès de grands patrons. Son oreille attentive et son intuition en font une alliée de poids – elle m'avait dit de freiner mes investissements en Bourse et, même si la vie lui a donné raison, elle ne m'en a jamais fait le reproche. Elle m'a simplement fait comprendre qu'elle avait confiance en ce que je parviendrai à construire ensuite. Je retrouve Marie-Laure, qui a maintenu la société à flots lorsque Karine et moi sommes partis vers d'autres horizons : il est tout à fait normal qu'elle conserve son poste. Marie-Laure, qui élève nos enfants, a besoin de ce travail, et Karine le sait. Toutefois, je comprends les difficultés auxquelles toutes deux sont confrontées. Je me rassure en me disant que mon ex et ma femme vont réussir à gérer la situation : toutes deux sont fines et intelligentes. Ce qui ne veut pas dire que ce soit simple pour elles, même si elles le font l'une et l'autre avec beaucoup d'élégance.

Il faut dire que, lorsque nous nous sommes installés ensemble, avec Karine, au début des années 2000, mon divorce avec Marie-Laure n'est pas encore prononcé. Ces moments de flottement dans une vie ne sont jamais évidents. Avec Karine, nous nous aimons mais nous ne sommes pas mariés. À mes yeux, évidemment, elle est la seule et unique femme que je veux désormais épouser et c'est cela qui compte. Mais il faut auparavant que soit réglé mon divorce avec Marie-Laure et cela prend toujours du temps, *a fortiori* quand l'argent s'en mêle. Il peut être quelque peu hasardeux de nous marier immédiatement, en raison de mes mauvaises opérations en Bourse et de ma dette fiscale. Karine, de son côté, doit également faire face à une situation financière complexe suite à son divorce. Tout cela manque terriblement de romantisme, il est vrai, mais ces questions nous apparaissent trop essentielles pour être tues. Et puis, au-delà des questions financières, je veux être sûr de faire les choses bien : je ne veux pas pour nous deux d'un mariage à la va-vite. D'une certaine manière, c'est comme si nous étions mariés, Karine et moi : à l'époque déjà, je parle d'elle tout le temps, parce qu'elle m'accompagne dans chaque moment de ma vie. On m'appellera vite Columbo…

## Famille à recomposer

Les premières épreuves potentiellement éliminatoires auxquelles Karine et moi devons faire face, c'est la rencontre de nos enfants respectifs, puis la vie en cohabitation. Karine est sortie de son précédent mariage avec un lourd bagage de souvenirs douloureux. Nos cinq enfants sont globalement dans une même tranche d'âge, et nous espérons bien sûr qu'ils trouveront des centres d'intérêt communs. Nos deux filles s'appellent Carla. Cela peut prêter à sourire, mais j'imagine l'agacement que peut ressentir une jeune fille face à une adolescente du même prénom, débarquée de nulle part et avec qui elle va devoir partager son toit. Heureusement, nos deux filles s'entendent rapidement très bien : Karine et moi nous disons que c'est déjà un souci de moins. Nos trois fils vont prendre un peu plus de temps à s'apprivoiser. Je ne veux pas entrer dans les clichés, mais ils essaient tous trois d'imposer à leur père, leur beau-père, leur mère, leur belle-mère, leur loi virile de jeune ado ou préado. Il n'est pas aisé de rester zen tous les jours. Ils se retrouvent parfois si fâchés qu'ils refusent soudain de partager leur chambre et nous nous retrouvons à ouvrir des clic-clac pour apaiser les tensions.

Dans l'ensemble, une famille recomposée, c'est un jeu de patience. Il faut tenter de voir, chaque instant, du positif dans le quotidien. Ma femme apprend à connaître mes enfants et moi à connaître les siens. Et, contre toute attente, une alliance entre eux se fait jour. Mais pas forcément celle dont nous rêvions : au fil des semaines de garde partagée, nos enfants nous font clairement comprendre que ce serait une sacrée bonne idée si nous nous séparions et que nous retournions avec nos ex-conjoints respectifs. Il est sûr que c'était attendu, mais ce n'en est pas moins désagréable à vivre. Nous savons que le divorce de leurs parents n'est pas, pour eux, le scénario idéal et qu'il est difficile d'y faire face. Et puis, lorsque les enfants issus des différents mariages se liguent et que surviennent en plus des divergences sur l'éducation, la guerre est déclarée : on a l'impression que l'on compte les points de chaque équipe ! Alors Karine et moi nous accrochons et essayons, jour après jour, de construire une autre cellule familiale que celles qu'ils ont connues dans leurs premières années.

Je le dis comme un message d'encouragement à tous ceux qui pourraient me lire : chaque histoire est différente, mais si l'amour est inconditionnel dans le couple, tous les obstacles seront bel et bien surmontés. Attention, je ne dis pas que ce sera facile, mais je suis convaincu que cela peut fonctionner ! L'amour doit absolument passer avant tout. Il faut le clamer haut et fort, et puis, une fois la porte de la chambre fermée, il faut le faire aussi… Tant de paramètres entrent en jeu dans ces moments d'alchimie extraordinaire : durant l'amour, tous les sens sont mis en éveil. Avec Karine, nous avons le bonheur de trouver une telle entente intime que nous nous sentons plus que solides : il ne nous reste « plus qu'à » savoir communiquer tous ensemble, et ce sera le bonheur pour toute la vie. Le fait que nous soyons très optimistes nous aide à encaisser les moments les plus pénibles. Et, malheureusement, ils ne manquent pas : rien ne prédestine nos enfants à devoir cohabiter les uns avec les autres, si ce n'est notre amour. Les engueulades succèdent aux grands ou gros mots et ne nous font pas vivre des premiers mois très épanouissants. Ni aux enfants ni à nous. Petit à petit, nous parvenons timidement, dans le tourbillon de nos vies professionnelles respectives et de nos ennuis financiers, à prendre le temps d'évoquer les envies des uns (et des autres), à tenter de comprendre ce qui pourrait plaire à l'un (et pas forcément à l'autre), à offrir du temps à chacun avec son seul parent. Quoi qu'il en soit, les beaux-parents n'ont jamais le beau rôle…

Pourtant, les mois passant, nous apprenons à avancer ensemble dans ce quotidien compliqué, parfois émaillé de superbes moments de partage. Puis nous emménageons dans un grand appartement, en espérant que ce nouvel espace achèvera de nous réunir en tant que famille nombreuse. C'est toujours un joyeux foutoir, encore aggravé par le rire, grâce, évidemment, au jeu, notamment aux jeux vidéo ! Voitures et combats, il n'y a parfois rien de mieux pour se défouler, surtout quand les enfants battent les parents ! Bref, la vie à sept n'est pas de tout repos. Lorsque nous sommes à bout de nerfs, nous sortons à tour de rôle, Karine et moi, nous aérer la tête. Parfois, je vais au cinéma : rien ne me plaît davantage que de me poser face à un gros film d'action et de réfléchir à un problème en cours. Lorsque je sors, le problème a trouvé sa solution. En revanche, je ne me souviens pas du film…

Si la Bourse m'a laissé exsangue, qu'Enchereonline est désormais derrière nous, que je paie patiemment ma dette fiscale, ATV est toujours là pour nous faire vivre. Or, d'une part, cela ne nous suffit pas pour envisager sereinement la suite et, d'autre part, cela ne nous offre pas un challenge professionnel à la hauteur de nos ambitions ; nous sommes restés les mêmes. Je cherche comment me refaire, comme après une nuit de pertes au jeu. Lorsque je me balade pour retrouver ma bulle de pensées, loin du tumulte familial, je m'attarde souvent devant les vitrines d'agences immobilières. Je sais que ce patrimoine-là, au moins, ne me ferait pas défaut :

Karine est la première à évoquer la possibilité de cet investissement. Tandis que notre équilibre familial se stabilise progressivement, et que des relations plus apaisées se mettent en place, j'ai une idée : alors même que je n'ai plus d'argent à investir, je vais transformer cette fragilité en un atout. Je suis déterminé ; je vais convaincre des banquiers de me faire de nouveau confiance. Ce passage à vide doit me servir de motivation. Et je ferai tout ce qu'il faut pour repartir de plus belle.

# VIII

## Un hochet inattendu

Après ma mauvaise expérience en Bourse, Karine me fait promettre de ne plus jamais y toucher, sauf pour une éventuelle introduction… Pour entamer un nouveau cercle vertueux dans les affaires, elle me conseille avec toute la bienveillance et l'amour dont elle est capable : notre meilleure chance sur le long terme se trouve dans la pierre, me dit-elle. Je pense qu'elle a raison. Nous nous décidons à acheter un premier appartement pour le mettre en location. Nous optons pour le XVIIIe arrondissement de Paris, dans le quartier de la Goutte-d'Or, qui propose des biens à des prix relativement bas, notamment lorsque tout est à refaire. C'est un appartement comme ça qu'il nous faut. Pour mettre en place ce projet, nous nous rendons à la banque afin d'y solliciter un prêt. Après la Bourse, nous n'avons donc pas d'argent à investir dans quoi que ce soit. Nous sommes convaincus que nous rebondirons bien assez tôt, mais il ne faut surtout pas baisser les bras, comme mes parents me l'ont montré quand j'étais jeune. Et nous pouvons au moins compter sur la banque qui m'a suivi lors de l'aventure Western Telecom. Là, je repense à mes parents intimidés devant leurs banquiers et je me sens pousser des ailes. L'établissement n'est pas au courant des pertes que j'ai essuyées en Bourse : c'est la raison pour laquelle ce prêt nous est accordé. Bien sûr, nous avons conscience, Karine et moi, que nous risquons gros sur le papier. Mais nous *savons* que nous allons réussir. Nous n'avons pas d'autre choix. À l'été 2001, nous signons tous les deux pour un appartement rue Myrha, sans condition suspensive. Cela veut dire que, quoi qu'il arrive, nous devrons acheter. Sans condition suspensive, il est possible de négocier le bien moins cher, ce qui n'est pas négligeable...

## Attention chantier

Tous les matins, avant d'aller travailler chez ATV, je me rends dans un magasin de bricolage pour les professionnels ouvert dès 6 h 30 du matin. Dans mon utilitaire, j'emmagasine des plaques de plâtre BA13, des sacs de ciment, des sacs d'enduit et du matériel en tout genre, puis je roule jusqu'à la rue Myrha où m'attendent les deux ouvriers que j'ai embauchés pour remettre ce deux-pièces en état. Tout est à refaire : il n'a pas été habité depuis plusieurs années. Mon goût du travail de qualité m'est utile. Comme pour la grille de mes parents, comme avec le code informatique, chaque étape compte. Pour gagner de la place, je fais retirer la cheminée, j'installe une salle de bains agréable et coquette, je consacre une partie conséquente du budget à un parquet en chêne massif. Je crois en cet investissement alors je vais jusqu'au bout de ma logique. J'investis dans l'amélioration durable de l'habitat.

Cette période est une renaissance, et pas seulement du côté professionnel. Mon divorce avec Marie-Laure est enfin prononcé en 2003, nous restons en excellents termes – c'est toujours la mère de mes enfants et ma directrice commerciale émérite ! J'épouse Karine, la femme de ma vie, ma précieuse compagne, en 2004, à l'aube de mes quarante ans. Ce moment est de ceux que je chérirai à jamais. Nos enfants respectifs sont à nos côtés, nous organisons une fête intime, avec nos seuls proches, où chacun a sa place dans notre grande famille recomposée.

Grâce à cet appartement, qui sera suivi par quelques autres, la première étape de ma reconversion est magnifique, je sais que j'ai eu beaucoup de chance. Mais il est temps de voir encore plus loin. Six ans auparavant, Western Telecom avait été introduit en Bourse. Et si c'était le tour d'ATV ? En 2004, ATV réalise un chiffre d'affaires d'un million d'euros, sans pour autant faire de résultats, c'est-à-dire sans accumuler de bénéfices. Oui, le business peut parfois donner lieu à de drôles de paradoxes. Toujours est-il qu'en treize ans d'existence notre marque s'est imposée dans le milieu, et aucune société de coursiers n'a jamais tenté l'aventure de la cotation en Bourse. Je prends alors contact avec Jean, un consultant en ingénierie financière, qui monte les dossiers pour les entreprises qui envisagent cette opération – Jean deviendra le futur mari de Marie-Laure, mon ex-femme ; ils auront même une fille ensemble (quand je vous dis que nous continuons à bien nous entendre...).

Je dis à Jean que j'aimerais bien retenter la Bourse, même si ma dernière expérience ne s'est pas tout à fait soldée comme je le souhaitais. Je suis joueur, on ne se refait pas. Sauf que, cette fois-ci, je suis seul maître à bord et, surtout, ATV est solide, je le sais. Il me répond que rien n'est impossible. Pour lui, il s'agit surtout de trouver la *bonne fenêtre* d'opportunité. Vous connaissez l'expression : si l'on ne me laisse pas entrer par la porte, j'entrerai par la fenêtre.

Il nous faut monter notre dossier autour d'une idée pour marquer l'esprit des investisseurs potentiels. Les coursiers ont souvent un déficit d'image. Ils sont en retard, pas forcément élégants, ou pas tout à fait polis, ce sont en tout cas certains des clichés que l'on peut entendre… Je sais, moi, que ce n'est pas le cas. Et c'est là-dessus que nous allons travailler. Lorsque nous convoquons l'ensemble des analystes et des investisseurs amenés à décider du sort d'ATV, je leur fais parvenir un carton d'invitation qui affiche ce slogan : « Regardez-nous différemment » et montre une brochette d'une dizaine de messieurs, coiffés d'auréoles et… intégralement nus. Recto et verso. J'en fais partie, bien évidemment. Aujourd'hui, je crois que j'oserai encore ! Je demande à mon frère aîné, Jean-Jacques, avec qui l'aventure ATV a commencé, de faire partie de la photo. Il nous suit ! C'est l'effervescence. Tous mes coursiers sont ravis du ton que j'adopte pour nous promouvoir. Lorsque la réunion cruciale a lieu, je sais que j'ai déjà gagné quelques points. Ce n'est pas tous les jours que l'on voit quelqu'un en tenue d'Adam avant de le rencontrer. Mais je sais aussi que le dossier comporte quelques fragilités, comme toute société qui souhaite entrer sur un marché financier. Je mets en lumière les éléments qui montrent ce que je suis, comment fonctionnent, au quotidien, l'ensemble des équipes pour nos centaines de clients. Nous sommes tous rassemblés dans un amphithéâtre, avenue Kléber, et j'ai fait venir deux magiciens, qui sont chargés de transformer des billets de cinquante euros en billets de cinq cents euros. Rien de plus facile pour eux ! À moi de convaincre l'assemblée de faire de même. Les réactions sont très positives, tout à fait amusées. Je n'ai pas de baguette magique, mais j'ai mon bagout.

Nous avons besoin d'un million d'euros pour initier notre croissance, c'est-à-dire pour racheter des sociétés concurrentes et prendre de l'ampleur. Ceux qui me font face sont là pour mettre le doigt sur nos vulnérabilités. Alors, comme je l'ai toujours fait et comme je le ferai encore dans mes boutiques plus tard, je magnifie la situation avec des bonnes idées de com, je fais le show. Une dizaine de mannequins, habillées comme des analystes financières, sont chargées d'échanger avec la foule et de leur vanter les mérites d'ATV… Un vrai subterfuge de macho, j'avoue. Le champagne est proche. Je réponds aux questions qui me sont posées, mais je parle aussi du groupe que nous formons depuis tant d'années et de mon envie de continuer à faire vivre cette société. Lorsque j'ai terminé, je suis confiant. Nous recevons, vingt-quatre heures plus tard, le carnet d'ordres, c'est-à-dire le nombre d'actions potentielles achetées par le collège de décideurs. Nous avons reçu 1,6 million d'euros de demandes. L'opération est réussie ! ATV est introduit en Bourse le 12 février 2004, sous les meilleurs auspices.

## « On a un petit problème »

Alors que ce nouveau chapitre d'ATV s'ouvre avec brio, j'ignore encore que notre famille aussi est sur le point d'en commencer un nouveau. Karine et moi avons la chance d'avoir eu très tôt nos enfants respectifs. Notre équipe de basket est déjà au complet et nous avons mis du temps à nous construire en tant que famille. Même si la question d'un enfant nous a évidemment effleurés, cette option a rapidement été écartée : nous profitons de nos cinq monstres avec plaisir, et cela nous suffit amplement ! Mais la vie a plus d'un tour dans son sac, et elle va nous offrir une fantastique surprise, malgré les précautions d'usage. Pour sa première expédition, Nina, le fruit de notre amour, notre future débrouillarde, va s'implanter, au terme d'un probable épique parcours du combattant, dans le ventre de sa mère.

C'est ainsi qu'un jour, Karine m'annonce : « On a un petit problème. » Je suis déjà à me demander ce qu'il s'est passé chez ATV ou sur l'un de mes chantiers, quand elle ajoute : « Je suis enceinte. » Je la regarde : ses yeux brillent autant que les miens, comme lorsque la tour Eiffel s'illumine, chaque soir. Et je lance, simplement : « Ben, on va partir pour un sixième ! » Nous sommes fous de joie à l'idée d'accueillir notre enfant... Nous ne savons pas ce qu'il s'est passé, côté contraception, mais nous ne pourrions pas être plus heureux de cette nouvelle. Enchanté, je préviens Karine que je suis tout à fait disposé, comme pour Zacary et Carla, à prendre en charge les nuits ! Pour nous, cet enfant à venir est la cerise sur le gâteau, mais il y a une inconnue :

comment vont réagir nos premiers enfants ? C'est bien simple : soit on explose en vol, soit on y arrive, et alors là, plus rien ne pourra plus nous séparer. Eh bien, nous n'allons pas exploser en vol !

Karine et moi sommes si heureux d'imaginer ce que va donner ce mélange de nous deux ! Ce sera si formidable de partager ensemble cette aventure de la parentalité. La chance est avec nous, la grossesse se passe fabuleusement bien. Lorsque nous sommes à l'hôpital pour la naissance de notre fille, Karine et moi, nous nous sentons rodés. Pour ce sixième enfant, nous savons l'un et l'autre ce qu'il faut faire, ou pas. On rigole et l'ambiance est très détendue. Mais, lorsque son médecin arrive, je ne me sens pas très bien. Je crois que la vision de l'aiguille pour la péridurale n'aide pas – je me demande quel animal gigantesque va recevoir cette piqûre, alors que c'est ma bien-aimée qui va devoir y faire face. La sage-femme me voit tourner de l'œil. Et l'obstétricien dit alors à Karine : « Patientez, madame, s'il vous plaît, il faut qu'on s'occupe de votre mari. » Pendant que je savoure le sucre qui me remet d'aplomb, ma femme, pour la quatrième fois de sa vie, donne naissance à un bébé. Nina arrive telle une fusée impatiente de se propulser sur Terre avec nous. Sept ans après le début de notre histoire, notre fille voit le jour.

L'accueil de Nina par nos cinq enfants est fantastique. Le mariage a été une étape un peu délicate, mais Nina est une joie pour tous. Un vrai sentiment de chaleur nous rapproche les uns des autres et nous unit en une famille, définitivement. Cette naissance crée aussi des liens plus inattendus mais tout aussi précieux. Nina appelle désormais Papy et Mamie… les parents de

Marie-Laure, comme Zacary et Carla, et comme Emma, la fille de Marie-Laure et de Jean. Les familles recomposées peuvent ainsi apporter des cadeaux précieux.

Lorsque nous partons tous ensemble en voyage, c'est impressionnant. Une file d'attente de huit personnes, ça se remarque. Et je ne parle pas des valises. En vacances, même si nous sommes des parents gagas, Karine et moi avons du mal à lutter contre notre nature de bosseurs. Nous n'hésitons pas, par exemple, à courir les agences immobilières, pour continuer ce que nous avons commencé à Paris ! Nous laissons les enfants avec leurs copains, puis nous filons découvrir les tarifs pratiqués dans la région. Comme il est nécessaire pour un homme politique de connaître le prix de la baguette, il m'apparaît nécessaire de connaître le rapport entre le coût de la vie et le marché immobilier local. Il nous arrive même de visiter des maisons sur place, voire des usines – de textile, de porcelaine, que sais-je ! J'aime découvrir les méthodes employées pour produire. Parfois, ce n'est pas ouvert au public, mais j'échange avec les directeurs et je peux finalement entrer. Potentiellement, je peux aussi être un client – il m'est arrivé de lancer des business dans des circonstances étonnantes et je pense que mes interlocuteurs le devinent…

## Nouvelle donne

C'est, pour moi, une période extraordinaire que je goûte avec plus de plaisir que jamais. Les mauvais moments que j'ai connus, à la fois professionnellement et personnellement, avant d'en arriver là donnent une saveur encore plus forte à ce qui m'arrive. Avec la levée de fonds d'ATV, nous pouvons commencer à racheter des sociétés. Je me mets à démarcher directement des concurrents, en leur indiquant que nous sommes d'éventuels acheteurs. C'est une période exaltante, parce que nous savons qu'il va y avoir du changement pour le mieux. Mais nous savons aussi que les personnels des sociétés que nous intégrons vivent plus ou moins bien la transition, comme dans une famille. Nous souhaitons toujours privilégier nos personnels d'encadrement qui nous donnent satisfaction depuis des années. Du coup, de nouveaux arrivants d'une cinquantaine d'années se retrouvent parfois sous les ordres de trentenaires. Et je sais que ce sont des situations parfois explosives... Entre 2004 et 2011, ATV achète onze sociétés. Comme avec mes timbres lorsque j'étais minot, je massifie. Mais, dès 2008, je sollicite Karine. J'ai besoin d'elle pour arrondir les angles et aider l'ensemble du personnel à se sentir au mieux au sein d'ATV. Elle dirige, depuis cette date, le département des ressources humaines.

Nous intégrons bientôt Neuilly Courses, une société emblématique de coursiers, sur le marché depuis les années 1980. Et son acquisition est symptomatique de ma manière de faire : lorsque j'apprends qu'un concurrent est en négociation (très avancée) pour la racheter, je débarque le soir même au fond de la petite allée qui en abrite le siège. Le téléphone sonne de partout, les dispatcheurs sont en ligne avec leurs coursiers. Sûr, la société brasse des clients. J'échange avec le dirigeant : ils sont en attente de la validation définitive de mon concurrent, qui réclame encore des documents justificatifs, comme c'est toujours le cas dans ce genre de transactions. Je lui demande le montant qui a été arrêté et lui fais un chèque sur-le-champ, sans lui demander les documents en question. Pas besoin de fouiller dans les passifs, les actifs, etc. Le lendemain, je suis propriétaire de Neuilly Courses. Évidemment, mes concurrents me regardent d'un drôle d'œil. Ils estiment – à juste titre – que j'applique des méthodes expéditives, mais ils sont bien obligés de reconnaître que, chaque fois, je vais au bout de la démarche. Cela contribue à me construire une réputation de concurrent redoutable.

Cela ne m'empêche pas de continuer à acheter, avec mes méthodes, qui sont aussi étonnantes dans le domaine de la communication... J'utilise une Ferrari comme véhicule publicitaire : j'ai apposé sur ses ailes les recto et verso de notre carton d'invitation à l'introduction en Bourse, c'est-à-dire que je roule avec nos fesses sur le côté droit et nos torses sur le gauche. Je demande aussi à Jimmy de la placer, tous les midis, au pied de restaurants fréquentés par les patrons de sociétés que je vise, comme Le Costes, rue Saint-Honoré, ou L'Avenue, avenue Montaigne, ou encore Le Murat, sur le boulevard du même nom. Bien évidemment, je ne me fais pas que des amis. Mais j'aime choquer si cela permet d'être identifié. Je sais aussi que cette opération fait polémique : mes rivaux se demandent comment j'ai pu m'offrir une Ferrari 360 Modena. Le milieu des coursiers ne permet pas de se payer un pareil véhicule. Moi, je sais d'où vient cet argent : de l'époque de Western Telecom, l'époque où je travaillais déjà d'arrache-pied, arrivé très tôt, parti très tard, toujours à vouloir optimiser la vie de la société, à chercher comment en faire un succès pour tous. Lorsque je la commande en 1998, j'ai d'importantes rentrées d'argent, mais le modèle n'est pas encore disponible, il faut patienter près de trois ans sur liste d'attente. Je verse un acompte. Or, lorsque le concessionnaire m'appelle, je suis ruiné, la Bourse est passée par là. Je me retrouve à devoir contracter un crédit sur soixante mois, mais je parviens, dans le sillage de mes prêts immobiliers, à convaincre une banque de m'aider. Au moins, cette Ferrari me sert à marquer les esprits, et je suis toujours content de la prêter aux amis qui ont envie de l'essayer. Mais je finis par me la faire voler. Je l'aurai au moins payée jusqu'au bout.

Les années qui suivent l'introduction en Bourse sont autant de mois où la famille d'ATV s'agrandit, mais elle ne renie rien de ce qui l'a construite : le goût du jeu entre tous. Nous continuons d'organiser des tournois de *Mario Kart*, et aussi de longues parties de flipper. On joue même certaines parties pour de l'argent – comme ce sera le cas, quelques années plus tard, sur le plateau d'« Affaire conclue », avec mes partenaires de backgammon, mes camarades acheteurs…

# IX

# Train de vie

Alors que les loyers des appartements que je possède remboursent les crédits que j'ai contractés pour les acquérir, qu'ATV est en pleine expansion, je me sens à un nouveau tournant de ma carrière. J'ai maintenant en tête le bon mantra : « Les échecs d'aujourd'hui sont les réussites de demain. » Je me dis que je suis peut-être capable de conseiller de futurs entrepreneurs pour qu'ils soient prêts à réagir au mieux face à la compétition du business, peut-être encore plus acharnée qu'à mes débuts. Je sais combien le soutien et l'expérience de mes parents ont été déterminants dans mon parcours. Sans leur expertise, je n'aurais sans doute pas réussi à mener à bien le développement de United Sportswear Association. Depuis ma dernière collaboration avec mes parents, au sein d'EMPP, ils n'ont cessé de suivre ma carrière. J'ai toujours pu compter sur leurs suggestions avisées, quel que soit le domaine dans lequel j'ai exercé. Ils ont toujours été intéressés par le business sous toutes ses formes et cela n'a jamais changé. Aussi, comme ma grand-mère a été primordiale pour moi, ma mère a longtemps pris soin de Zacary et de Carla, avant mon divorce d'avec leur mère. Ils ont eu la chance d'entendre ses histoires, comme moi celles de Mamika. Mes parents ont pris leur retraite au début des années 2000, après cinquante ans de business, côte à côte. Ils sont allés s'installer au soleil, où nous allons leur rendre visite dès que possible. Ils sont toujours aussi enthousiastes à l'idée d'évoquer leurs heures de gloire avec B. U. T. ou de revenir sur des périodes plus difficiles... Ils deviendront aussi, et c'est ma plus grande fierté, de fervents spectateurs d'« Affaire conclue ». Je ne dois pas appeler ma mère lorsque c'est en cours de diffusion, je sais qu'elle ne décrochera pas. Je lui dis en plaisantant qu'elle préfère le Julien télévisé au Julien réel !

## Business angel

Au début des années 2010, alors que je m'interroge sur la forme à donner à mon envie de transmettre, la vie fait que je croise la route, par des amis communs, de deux jeunes femmes qui veulent monter une entreprise spécialisée dans la pâtisserie. Lorsque j'écoute leur projet, je prends la mesure de leur déconnexion d'avec la réalité. Malheureusement, cela m'arrivera à plusieurs reprises de rencontrer des personnes qui s'imaginent monter une entreprise comme on apprendrait une langue étrangère (et ce n'est déjà pas facile). J'essaie de leur expliquer qu'elles ne sont pas au point, qu'elles ne devraient pas se lancer, elles risquent trop gros. Même si je ne suis pas du genre à freiner les paris risqués – vous l'avez compris –, je sais aussi juger quand l'enjeu est trop lourd. À peine ai-je prononcé mes premières mises en garde qu'elles s'en vont sans demander leur reste, me reprochant de ne pas les encourager. J'apprendrai plus tard qu'elles auront, l'une et l'autre, perdu l'ensemble de leurs investissements respectifs. Pour la première, c'est moins grave, puisqu'elle était soutenue par sa famille ; pour l'autre, en revanche, ça signifie se retrouver sans rien. Cette histoire m'a remué et, bien sûr, j'en ai parlé à Karine, laquelle a su me faire comprendre que j'avais encore, pour certains, un discours un peu brut de décoffrage. Je l'ai entendue, d'abord parce qu'elle me l'avait déjà dit, mais aussi parce qu'elle n'était pas la seule à le faire. C'est vrai qu'à mes yeux, quand on parle business, il n'y a pas de place pour la sensiblerie. Surtout, j'ai la sensation que mes arguments sont finalement toujours bienveillants, même s'ils prennent parfois des formes trop rudes, trop sèches.

Cette première rencontre m'encourage à écouter d'autres jeunes entrepreneurs. Je commence donc à coacher des start-upers, dans différents clubs d'entrepreneurs ou de *business angels*. Je fais face à beaucoup de gens qui, comme les deux jeunes femmes, oublient qu'une boîte, ça n'est pas seulement un *business plan*. Ces dernières années, une nouvelle génération semble penser qu'avec une idée de génie, elle va devenir millionnaire. Tous ont en tête les grands noms des sociétés américaines qui se revendent après des levées de fonds exceptionnelles. Ils pensent à BlaBlaCar, start-up à la française, qui est une licorne, autrement dit une société valorisée à plus d'un milliard de dollars ! C'est comme avec le Loto : si une personne a déjà gagné, pourquoi ne serais-je pas le suivant ? Si, pour gagner au Loto, il faut de la chance (et pas qu'un peu !), il en faut aussi pour lancer avec succès et rendre pérenne une start-up. Mais cela ne suffit pas, évidemment. En plus du timing, qui est aussi un facteur sur lequel on n'a aucune prise, le minimum requis, c'est le *bon produit*, qui répond au besoin du public. Mais le point qui me semble le plus important, c'est l'*engagement*, à 100 %, dans le projet. Quand je me rends à la Station F pour coacher certains jeunes de la pépinière HEC, je suis étonné de ne trouver personne lorsque j'arrive le matin. À l'époque où nous travaillions pour Western Telecom, nous étions au bureau de 7 h 30 à 23 heures. Et notre équipe n'avait pas l'ensemble des supports technologiques auxquels nous avons tous accès aujourd'hui.

Lors de notre premier entretien, je leur demande : « Vous est-il arrivé de ne pas dormir parce que vous aviez une boule au ventre ? » La bonne réponse, ce doit bien sûr être oui. Les jeunes entrepreneurs doivent se sentir sur le qui-vive en permanence, à se demander s'ils ont pris les bonnes décisions, s'ils ont choisi les bons partenaires, s'ils ont poussé la logique commerciale au maximum, etc. Ce que je leur explique ensuite, c'est que les plus courageux d'entre eux, ceux qui auront eu la force d'aller au bout de leur projet, auront 95 % de risques de déposer le bilan. Je leur dis à tous qu'il faut apprendre l'échec, mais je vois dans leurs regards et leur aplomb qu'ils ne le conçoivent pas. Je connais cette arrogance, mais j'essaie de leur dire que l'échec finit toujours par arriver, même si l'on pense avoir tout fait comme il fallait, et *même* si on a tout fait comme il fallait, ce qui est pire. Même avec ma bonne idée de tee-shirts USA, je ne suis pas devenu millionnaire et j'ai déposé le bilan – et il est probable que l'histoire aurait fini de la même façon si l'armée ne s'en était pas mêlée. On ne contrôle pas tous les paramètres. Comme aux enchères, on peut se dire que l'occasion est parfaite, que l'objet est fait pour nous, qu'on saura à qui le vendre, que l'opération nous sera profitable. Mais il ne faut jamais oublier que nous ne maîtrisons pas les autres enchérisseurs.

Si certains de mes interlocuteurs me remercient pour mes conseils, d'autres se rendent à la direction pour demander qui est ce dingue qui a « bousillé leur projet ». Pour moi, lorsque les idées sont mauvaises et/ou si les entrepreneurs ne sont pas acharnés, il vaut mieux donner leur siège à quelqu'un d'autre, qui le mérite davantage. J'ai pu dire une phrase comme « Cela ne sert à rien d'être médiocre ». Peut-être que c'est un peu dur. Peut-être que j'aurais dû utiliser l'image des trains : soit l'on est une locomotive, soit l'on est un wagon, soit l'on est un passager. Et, dans ce dernier cas, il vaut mieux le savoir rapidement. On peut s'en contenter, et il n'y a pas de mal à ça, mais on peut aussi tenter de changer de statut en travaillant très dur.

La vie m'a aussi permis de croiser des innovateurs qui n'ont pas eu la chance d'aller dans des incubateurs. Au sein d'ATV, Jimmy a pu grimper les échelons en partant de rien. Il a su, au départ, se donner une chance et il l'a transformée brillamment en étant au-dessus du lot pendant toutes ces années. Je me souviens aussi d'un ancien coursier à qui peu auraient donné sa chance. Il suffit d'être noir, issu d'un milieu défavorisé, de vivre en banlieue, pour que les jobs soient plus difficiles à décrocher. Après plusieurs années chez nous, il a monté avec succès une société qui proposait un soutien aux particuliers pour réaliser un premier achat immobilier. Nous avons aussi travaillé avec un salarié qui n'avait pas la nationalité française, mais qui avait son permis de conduire, en plus de ses nombreuses qualités. Il a travaillé pour nous en CDI puis, grâce à ce CDI, il a eu la confiance de la banque pour un premier prêt, il a acheté un studio, il l'a revendu, puis il a fait pareil avec un deuxième, etc. Ce que j'admire depuis toujours, c'est le sens de l'initiative, la curiosité. Dans ma vie, j'ai eu en tête de nombreux projets qui n'ont pas abouti. J'ai par exemple voulu m'acheter un kiosque ou une maison de la presse. Je m'imaginais sur place à 22 heures, en train de réceptionner les titres du lendemain, et de pouvoir les lire avant tout le monde. Aujourd'hui encore, je vais chaque jour au kiosque pour acheter la presse. Je ne prends pas d'abonnement pour avoir le plaisir d'échanger avec les kiosquiers… Je conserve un rapport très charnel au papier et, si je m'informe évidemment en ligne, rien ne remplace le journal que je déplie à l'heure du petit déjeuner. Bref, en plus de me stimuler au moment où j'espérais les voir naître, ces projets ont nourri mon imaginaire et toutes les idées que j'ai pu avoir ensuite. « Rien ne se perd, rien ne se crée, tout se transforme. »

### Pari sur l'avenir

Cette continuité que je découvre dans ma carrière, je la sais également présente au sein même de ma famille, entre les différentes générations. Je me souviens, j'ai une dizaine d'années, et j'accompagne mon père à un salon professionnel. Il organise de superbes dîners dans de grands restaurants pour faire connaissance avec de potentiels clients et maintenir le lien avec ceux qu'il a déjà. Un soir, il m'emmène avec lui chez Michel Rostang – à l'époque, je ne sais pas encore qu'il s'agit de l'un des chefs français les plus réputés à travers le monde. Mon père me fait m'installer à une table, seul, et dit quelque chose au serveur avant de rejoindre ses clients. Le serveur s'approche de moi et me dit : « Petit prince, nous allons dérouler le menu. » Je ne me souviens pas précisément de ce que j'ai pu déguster ce soir-là, mais j'ai compris que mon père m'offrait, avec cet argent, du plaisir *juste* pour moi. Je m'en souviens comme d'une leçon de vie et d'un immense cadeau. J'ai, depuis toujours, voulu offrir ce même ébahissement à mes enfants.

Mes enfants savent que je ne trouve aucun intérêt à leur léguer, à ma mort, des appartements ou des tableaux. Ce n'est pas à cet âge-là que je veux leur être utile, c'est maintenant. Parce que je sais qu'en les aidant financièrement aujourd'hui, je leur offre du temps, et c'est cela, le plus précieux. Quand je pense à ce qui a mené mon père en France et dans quelles conditions, quand j'essaie d'imaginer ce qu'ont vécu et ce que vivent tous les immigrés venus chez nous, en réalisant les travaux les plus difficiles, les tâches les plus ingrates, en vivant dans des conditions pénibles, je sais que la chance qui m'est offerte est extraordinaire : soutenir mes enfants au quotidien pour réaliser leurs rêves. Je n'oublie jamais que je suis un enfant d'immigré, et je sais que la vie se chargera d'enseigner ses leçons à mes enfants, comme c'est le cas pour nous tous. Néanmoins, si je veux les aider à réaliser leurs ambitions, je souhaite aussi, bien sûr, qu'ils s'investissent à 100 % dans ce qu'ils font, comme mes jeunes entrepreneurs.

En 2010, Marie-Laure, mon ex-femme, part s'installer au Maroc avec son mari, Jean, qui m'avait aidé à constituer le dossier de l'introduction en Bourse d'ATV ! Carla, qui a quinze ans à l'époque, les suit. Zacary, lui, a déjà dix-huit ans et il reste en France, ou plutôt il voyagera bientôt aux quatre coins du globe. Après son bac, il intègre l'Institut Paul Bocuse. Trois ans plus tard, il part exercer son art en Scandinavie, aux États-Unis, en Océanie. Nous vivons une relation père-fils particulièrement forte et je suis très fier de lui. Je ne peux pas le dire avec beaucoup de mots car je reste pudique, comme ont pu l'être mes parents, mais je suis fier de le voir se construire par lui-même, loin des chemins que j'ai déjà tracés, avec la même envie, la même persévérance. Si je veux l'aider, il sait aussi que je ne veux pas lui ôter le goût de l'effort. Du coup, le deal entre nous est à la fois simple et machiavélique : dans le restaurant qu'il ouvrira bientôt, il y aura, au milieu, une table de deux personnes. Tant que mon fils n'aura pas remboursé mon apport à son capital, cette table sera la mienne. Il ne s'agit pas d'aller y manger quand je le veux, mais de rappeler à mon fils qu'il a une dette à honorer. Si quelqu'un souhaite faire une réservation ou s'y asseoir, il devra dire que la table est prise. C'est la table de son banquier, avant d'être celle de son père. Il finira probablement par me maudire, parce que cela l'obligera à refuser des clients, mais il aura la niaque pour aller bosser. S'il a d'abord cru que je plaisantais, il a vite compris l'intérêt et même, s'en est amusé. Comme moi, il a le goût du jeu et du pari. Du coup, nous nous sommes mêmes accordés sur une caméra qui filmera cette table en permanence !

Lorsque Carla vivait au Maroc, nous communiquions beaucoup, comme avec mon fils, par téléphone, par Skype, et par toutes ces nouvelles technologies qui permettent aux gens qui s'aiment de se voir même s'ils vivent loin les uns des autres. Déjà, à cette époque, Carla me bluffait par son talent de dessinatrice. Aujourd'hui, elle vit en Italie de sa passion et de son talent. Elle réalise de superbes portraits, dont on a la sensation extraordinaire qu'ils ont été peints au XVIIIe siècle ! Je suis sûr que si je les mettais en boutique, mes clients me demanderaient quel maître italien les a signés. Son goût du voyage est peut-être aussi né de ces années marocaines avec sa mère…

Début 2011, nous nous retrouvons donc, Karine et moi, avec ses trois enfants, qui ont aussi grandi, et notre fille, Nina, qui a tout juste six ans. Jordan a vingt ans. Il s'est brillamment engagé dans une carrière artistique qu'il décline sur plusieurs tableaux. À la fois comédien et scénariste, il écrit des histoires, il les interprète – je suis admiratif face à son formidable pouvoir de créer, de raconter. Il a su dépasser de nombreuses difficultés et a fait sa place, par lui-même. Carla, sa sœur, a dix-huit ans : elle s'oriente vers une carrière d'architecte. Le talent artistique qu'elle développe est à la hauteur de ses ambitions. Elle s'est toujours intéressée à l'art et a su mettre en œuvre ses envies. Quant à Aaron, qui affiche seize printemps, il ne sait pas encore qu'il sera quelques années plus tard en master à l'ESSEC, après avoir obtenu un 20/20 en mathématiques à son bac scientifique, l'année même où l'ensemble des examinateurs a reconnu la trop grande difficulté de l'épreuve. Si ce ne sont pas mes enfants de sang, ce sont mes enfants de cœur. J'ai tenu à les aider comme j'ai aidé mes enfants, et Karine et moi sommes fiers d'être les parents et les beaux-parents d'enfants si doués et surtout si travailleurs. La fratrie qu'ils forment est extraordinaire, et elle les a tous fait grandir.

## Mes chers frères

Cela me fait immanquablement penser à mes frères. Jean-Jacques, l'ancien associé, le navigateur insatiable, est désormais installé à l'étranger aux côtés de sa femme et de leurs trois enfants. Nous sommes restés proches. Olivier vit en Israël : il a quitté la France à l'âge de dix-sept ans par conviction religieuse, et il s'est marié là-bas. Père de trois enfants, il enseigne aujourd'hui le français et le tennis. Il est vrai que nos visions du monde sont très différentes. Il y a quelques années, alors que nous ne nous sommes pas vus depuis quelque temps déjà, je décide de lui rendre visite avec Karine et Nina. Nous faisons route jusqu'à son immeuble, typique de la ville, où il vit avec sa famille. Lorsque nous entrons dans le petit appartement, nous sommes immédiatement enveloppés dans une atmosphère très chaleureuse : des toiles (mon frère peint depuis toujours !) sont affichées sur l'ensemble des murs, les portes sont décorées, une table en Formica voisine avec une bibliothèque et, alors même qu'il y a si peu de place, que les objets du quotidien trouvent une place là où ils le peuvent... une table de ping-pong trône au milieu du salon.

Bien sûr, c'est une mini-table de ping-pong. Mais une table de ping-pong quand même. Notre enfance me revient à l'esprit, si proche, tout d'un coup, si réelle. Mon neveu est en train de jongler, mes nièces sont sur le canapé, ma belle-sœur et mon frère nous ouvrent les bras. Mais je reste comme interloqué : qu'est-ce que mon frère fait là, dans cet appartement accueillant, certes, mais si loin de notre glorieux appartement familial ! Ma femme et son épouse ne sauront jamais l'opulence que nous avons connue entre ces murs, or Olivier, Jean-Jacques et moi, si. Je me raisonne et me dis qu'Olivier n'a pas les mêmes envies que moi, après tout. Et puis s'il est heureux, ici. J'ai toujours été critique, trop critique. Je suis triste, triste de ressentir ça, triste que nous ayons été éloignés trop longtemps, si triste que je me mets à pleurer. Alors il m'enlace. On se met à pleurer tous les deux ; je lui dis que je l'aime, qu'il m'a manqué, que je le retrouve dans une situation qui ne me semble pas à la hauteur de ce qu'il devrait avoir. Il a l'extraordinaire intelligence de comprendre ce que je ressens. Nous sommes tous émus par nos retrouvailles. Et, cette nuit-là, je suis déterminé : je vais proposer à Olivier et à sa famille de les inviter tous en France, à la campagne, chez nous, dans notre maison. Le lendemain, lorsque j'en parle, tout le monde est ravi. C'est décidé, je prends des billets d'avion. Je sais que la situation financière d'Olivier n'est pas des plus confortables. Il donne ses cours de langue, de sport, mais ce n'est pas suffisant pour faire vivre les siens décemment et se faire plaisir, comme la vie peut nous le permettre lorsqu'elle est clémente. Plus de trente ans de travail acharné me permettent d'avoir la possibilité, la joie de rassembler notre tribu au complet, à la campagne. Une fois réunis, nous avons du temps pour philosopher, pour échanger même sur des sujets qui nous opposent. Je retrouve mon frère que j'avais perdu à cause de nos divergences religieuses, à cause du train de la vie qui passe si vite.

## Sur le circuit

Je continue, en tout cas, à avancer sur les chapeaux de roues. À la même époque, je mets ma vie en jeu au championnat de F3 historique – ce sont des voitures des années 1978 à 1981. C'est là que je connais les plus fortes montées d'adrénaline de toute mon existence. Je mets mon casque, je ferme ma visière et je démarre le moteur. Je dois avoir une totale confiance en mon mécanicien ; le travail de révision qu'il a fourni est primordial, en particulier sur les freins, car les structures de sécurité sont inexistantes : contrairement aux voitures de F1, il n'y a pas de coque en carbone pour vous protéger dans la F3. En cas d'accident, c'est le conducteur qui est directement impacté. Je sais que l'on peut considérer ça comme une mise en danger volontaire. Comme on dit, il faut avoir un « gros cœur » pour rouler vite et bien. C'est au conducteur de savoir où s'arrêter pour ne pas se mettre irrémédiablement en péril.

Pourtant, je subis un accident à deux reprises. La première fois, c'est ma faute. Je suis à l'entraînement, mais il y a une tempête sur le circuit, je fais de l'aquaplanning et je tape dans la voiture d'un autre coureur, puis contre le rail de sécurité. Zacary est là, il se précipite vers la piste. Je parviens à m'extraire de ce qui est devenu une épave, et je me lève. Je me palpe la poitrine – j'apprends peu de temps après que j'ai deux côtes fracturées –, puis regarde mon mécano : « On sera prêts, la semaine prochaine ? » J'ai une course prévue. « T'en as au moins pour trois semaines », me répond-il. Effectivement, je suis HS pendant un mois et demi. Je retourne quand même courir. La deuxième fois, l'accident a lieu sur le circuit de Dijon : je fais une sortie de piste, mais elle n'est pas spectaculaire. Je suis sur le bas-côté et je m'apprête à repartir quand le voiture d'un de mes amis vient s'encastrer dans l'avant de la mienne. Ma voiture est sponsorisée par ATV, À Toute Vitesse, donc – qui, pour le coup, n'a jamais si bien porté son nom. Au moment où je rouvre les yeux après le choc, je redécouvre le slogan de la société de mon ami : « Les ressorts qui bandent jusqu'au bout ». C'est sûr qu'ils sont allés au bout, ils ont même complètement embouti ma voiture…

Pourtant, après trois ans, ma femme me demande d'arrêter : elle est morte de peur chaque fois que je pars en entraînement ou en course. À mes yeux, le danger lui-même fait partie de l'excitation. Mais je ne veux pas lui causer de si grandes angoisses. Peut-être reprendrai-je un jour la course, mais avec une voiture fermée, simplement pour le plaisir de courir. En tout cas, je suis content d'avoir pu montrer à mes concurrents, souvent entre dix-huit et trente ans, que, même à mon âge, on se défend encore ! Ma plus grande fierté, c'est d'avoir été classé neuvième sur trente-six, à Pau, sur le plus accidentogène des circuits de la discipline, où, tout au long de la course, dix-sept grues s'activaient au-dessus de la piste pour récupérer les véhicules accidentés. Je sais que ce goût pour la mise en danger est peut-être finalement lié à mon énorme chance. J'ai été comblé de tant de bonheurs que je veux me mettre à l'épreuve plus durement. J'ai eu énormément de chance dans ma vie, et j'ai mis longtemps à en prendre la mesure, à en ressentir même toute la puissance. Mais, plus je vieillis, plus je deviens sensible, et mieux je sais apprécier ce que j'ai.

# X

## Des chevaux de bois

En 2012, alors que Carla a seize ans et qu'elle vit avec sa mère à l'étranger depuis plus d'un an, je décide de nous organiser un voyage à deux, entre père et fille. Elle est adolescente et le temps file : j'ai envie de voir comment elle grandit. Je veux aussi la dépayser complètement, lui faire découvrir ce que peut être la vie dans un pays aux contrastes plus marqués qu'en France, et peut-être encore plus qu'au Maroc. Du plus loin qu'il m'en souvienne, j'ai toujours été très attiré par l'Inde sans y avoir jamais mis les pieds. Les voyages de mes parents en Asie y sont peut-être pour quelque chose. Au cours de mes nombreuses aventures professionnelles, je ne me suis pas rendu en Chine, alors que Karine, elle, en arpentait les villes avec le père de ses enfants. Je crois que, lorsque je rêvais d'Asie, c'est le sous-continent indien qui me trottait le plus en tête. Je ne crois pas en une quelconque religion ni en la réincarnation, mais mes amis indiens me diraient que j'y ai peut-être vécu une autre vie. Les couleurs, les odeurs, les gens, l'architecture… j'étais sûr de trouver mon bonheur là-bas. Alors j'ai proposé un road-trip à Carla. En quinze jours, le temps de ses vacances scolaires, nous allons parcourir quatre mille kilomètres.

## Bons baisers de Bombay

Vous imaginez bien que j'y vais en tant que père qui veut passer de bons moments avec sa fille, mais également en tant que collectionneur curieux de voir ce qu'il peut y trouver. En effet, au fil des années, depuis que j'ai quitté la maison de mes parents dont j'ai tant de merveilleux souvenirs, et après avoir découvert les lieux de vie de mes compagnes, j'ai continué à attacher une importance cruciale aux objets qui m'entourent. Après avoir mis en valeur les objets de famille dans notre maison de campagne, je n'ai pas cessé d'acheter. Il y avait toujours une nouveauté, une curiosité, un souvenir que je n'avais pas. Et Karine n'est pas en reste. Dès ses premiers pas, son père l'emmenait partout sur les brocantes. Un jour, il lui a offert une malle en cuir du XIXe siècle, qu'elle a perdue, lors de l'un de ses déménagements. C'est quand je lui ai offert une malle quasi identique qu'elle m'a raconté cette histoire, émue aux larmes... Nous aimons tous deux les machines d'industrie, et Karine a un goût prononcé pour ce qui a trait à l'imprimerie qui lui rappelle son enfance. En somme, il n'y en a pas un pour rattraper l'autre ! Nous peuplons notre appartement et notre maison de tous les objets qui croisent notre chemin, à travers le monde. Aussi, quand je décolle avec Carla, je pense aux marchés que l'on va inévitablement visiter et aux souvenirs qui, au retour, viendront habiller notre décor. Comme dans

*Downton Abbey*, la série anglaise, nous aimons garnir notre intérieur de cloches en verre, de machines à coudre (Karine a, comme moi, une grand-mère couturière) ou de coffres en bois… Peu d'objets ont de la valeur, mais ils sont décoratifs et empreints d'histoire. Ce que je ne sais pas encore – ou le sais-je déjà au fond de moi ? –, c'est que, la prochaine fois, je reviendrai en Inde en tant que marchand…

Le premier soir, lorsque nous arrivons à l'aéroport de Bombay, le bruit des klaxons est assourdissant, il fait 28 °C. Côté dépaysement, c'est réussi ! Je pense que j'aurais pu m'entraîner à Bombay pour une course de F3 : la conduite parisienne, ça n'est rien à côté. Nous nous rendons dans un superbe hôtel face à la mer, ma fille est ravie. Il est prévu qu'un chauffeur nous conduise tout au long de notre périple. Il baragouine un anglais assez difficile à saisir. Mais, bientôt, je me mettrai moi aussi à parler cet *anglais indien*… Le lendemain, au cours de notre première matinée, notre guide française nous mène sur l'île d'Elephanta. Nous prenons le bateau juste en face de l'hôtel, la traversée est magnifique. Lorsque nous débarquons, notre guide nous prévient : « Ne donnez rien à manger, tenez vos sacs, et faites attention aux gros spécimens ! » Et elle ne parle pas de pachydermes, comme le nom de l'île pourrait le laisser croire… Les singes qui abondent adorent en effet jouer avec les visiteurs, mais aussi avec leurs appareils photo ou leurs téléphones. Les temples sont majestueux et nous y découvrons de superbes bouddhas – mon esprit marchand se met en alerte. Toutefois, nous n'arrivons pas encore à nous détendre ; peut-être est-ce dû aux singes ou à mon caractère, dont ma fille a hérité :

nous aimons toujours vivre à cent à l'heure, alors nous demandons à notre guide de poursuivre la visite en un autre lieu.

Pour entrer dans le quotidien de la ville, nous nous rendons à la grande laverie de Bombay. Avant d'y parvenir, nous passons devant un énorme marché alimentaire, et je dis à ma guide que je veux y entrer. Malgré ses réserves, nous jouons les touristes rebelles et nous visitons le marché aux légumes ! Je suis ravi de pouvoir faire des photos. Qu'il s'agisse de la forêt de Frétigny ou des stands indiens, le plaisir est le même. Juste à côté, j'aperçois un marché de viandes – l'odeur risque d'y être très forte. Je ne me trompe pas, elle est pestilentielle. Le spectacle est difficilement soutenable pour Carla. Tous les bouchers ont leur spécialité, de même qu'en France, mais il y a des pièces qui ne sont pas consommées chez nous, comme les pieds de chèvre. Plus étonnant encore, nous découvrons une pyramide, d'environ un mètre, composée d'yeux de chèvres. Je trouve cela très impressionnant et me mets de nouveau à mitrailler avec mon appareil. Il va sans dire que ma fille ne partage pas mon enthousiasme…

Nous arrivons enfin à la plus grande laverie au monde à ciel ouvert. On surplombe de très haut cet énorme cratère posé au cœur de Bombay. C'est un véritable labyrinthe de petits carrés de 1,50 mètre de côté. Chacun s'occupe de ses vêtements : des jeans, des chemises, etc. Je me demande bien comment tous font pour retrouver ce qui leur appartient. Sur des centaines et des centaines de mètres, les jeans sont pendus face au vent, au soleil. Il n'y a aucune femme, seuls des hommes, un sarong autour de la taille, s'affairent au sol. Certains se lavent aussi avec la mousse. Une féerie des eaux urbaines. Tous ont un joli sourire accroché au visage alors que le travail est sans aucun doute très pénible. Je suis fasciné par ce spectacle que nous observons depuis un parapet, vingt mètres en surplomb, à travers une grille. Je veux descendre. Mais, comme au marché, notre guide nous dit que l'on ne peut pas y aller. Un petit portail ouvre sur le sentier qui mène à la laverie. Qu'à cela ne tienne : je passe par là. Ma fille m'emboîte le pas.

Nous nous retrouvons dans ce décor très étonnant. Lorsque je demande aux travailleurs si je peux les prendre en photo, ils répondent tous par l'affirmative et nous invitent à boire le thé avec eux. Nous nous sentons immédiatement bien en leur compagnie. Je perçois toute la différence entre ce que nous vivons à l'instant présent et ce qui se serait passé si nous étions restés en haut, vingt mètres au-dessus d'eux. J'aime voir les choses de près, les vivre pour de vrai. En voyant passer des hommes avec d'énormes chariots emplis de vêtements, je me demande comment ils parviennent à les déplacer ! J'ai en tête les ouvriers du Sentier, à Paris, déjà très impressionnants avec leurs diables qui supportent des dizaines de cartons, mais j'ai le sentiment que ces Indiens ont à leur charge encore davantage de marchandise. Chacun d'entre eux est son propre petit patron : ils collectent du linge et le nettoient pour leurs clients. Ils sont indépendants, me disent-ils, chacun loue son propre espace de travail. Les lieux sont bien évidemment très humides, mais cela ne nous gêne pas : avec Carla, nous vivons un moment d'exception avec tous ces gens, ces travailleurs si courageux qui sont prêts à passer quelques minutes avec nous, à échanger des sourires et à nous raconter leur vie. Lorsqu'on les quitte, après deux heures de partages chaleureux, ma fille et moi sommes tout simplement émerveillés.

Bien sûr, la transition n'est pas forcément évidente, lorsque notre guide nous conseille ensuite de visiter le musée d'Art moderne de Bombay. J'aime me rendre dans les musées, que ce soit à Paris, à Venise ou à New York, mais, là, je dis à ma guide que je veux continuer à voir la « vraie vie » de l'Inde, le quotidien des gens de Bombay. J'ai conscience que de nombreuses personnes vivent dans la misère, mais je pense aussi aux mille couleurs, aux mille odeurs de cérémonies flamboyantes dont j'ai connaissance. Je lui demande alors s'il serait possible d'assister à un événement collectif. Je voudrais *toucher du doigt* ce qui fait sens pour les Indiens. Ma guide réfléchit un petit moment puis elle évoque les Parsis, un groupe ethnique dont les coutumes funéraires sont très étonnantes pour des Occidentaux. Je suis intrigué par cette proposition, nous sommes partants. Après nos formidables rencontres à la laverie, Carla est dans la même optique que moi.

Notre guide nous mène alors jusqu'à une tour qui revêt une signification très importante et un rôle social essentiel. Elle nous explique que les morts sont déposés au sommet. Les vautours, animaux sacrés, viennent alors se nourrir des corps, pour libérer les âmes des défunts. C'est alors que nous voyons des oiseaux tournoyer autour de l'édifice. Comme l'a annoncé notre guide, ils se posent et s'agitent. Est-ce le corps d'un défunt qui s'y trouve ? La tour est trop éloignée pour en avoir la certitude. Nous restons un moment à regarder les charognards et je suis tout entier absorbé par de profondes réflexions. Cette première journée est chargée d'émotions contradictoires, de moments intenses. Lorsque nous retrouvons le luxe de notre hôtel, le soir, je crois bien que Carla est encore plus secouée que moi par notre immersion dans ce pays aux mille trésors.

Le lendemain matin, je ne peux masquer mon excitation à l'idée de découvrir l'un des endroits de la ville qui m'a fasciné dès que j'ai appris son existence : le Chor Bazaar, l'un des plus grands marchés aux puces d'Inde. Traduit littéralement, son nom signifie le « marché aux voleurs ». J'ignore s'ils font référence aux potentiels pickpockets ou aux tarifs des marchands, mais je ne suis pas inquiet : je saurai comment m'y prendre, j'en suis sûr. En route ! Même si j'imagine un marché tout aussi florissant que celui de Saint-Ouen, je me doute qu'il sera fondamentalement différent. Si, comme à Saint-Ouen, tout s'y vend et tout s'y achète, les objets seront autres et offriront des histoires inconnues et inattendues, c'est évident. Je me revois à Nogent-le-Rotrou, avec mon père, puis dans les allées des marchés des puces avec ma mère et je suis ému de me sentir passeur à mon tour, avec ma fille. Je nous imagine déjà au milieu de meubles de la colonisation britannique mais aussi de sculptures des XVIe, XVIIe et XVIIIe siècles… Pourtant, lorsque nous arrivons sur place, c'est pour moi un vrai choc, bien supérieur à ce que je pouvais envisager. Je comprends tout de suite que j'ai quelque chose à vivre ici, quelque chose à faire. Le coup de foudre pour le pays et ses habitants a eu lieu, ses objets ont achevé de m'attacher à l'Inde pour toujours.

Je ne veux pas imposer des heures de chine à Carla, voire disparaître dans les allées toutes aussi attrayantes les unes que les autres, comme un enfant dans un magasin de jouets. Elle a déjà pris sur elle pour découvrir la montagne d'yeux de chèvres, alors je contiens mon émotion, mon envie de passer des heures à sillonner le lieu. Carla sent que son père est parfaitement dans son élément ici, mais notre voyage n'est pas professionnel. Nous déambulons tout de même une bonne heure, côtoyant par exemple de vieux objets de marine, parfaitement conservés. De nombreux navires, du Japon, d'Angleterre, de Russie, du monde entier, sont démantelés en Inde et leurs contenus, plus hétéroclites les uns que les autres, remplissent bien vite les étals du Bazaar : gouvernails, caisses de bois, mais aussi mobilier et objets techniques…

Mes yeux sont attirés par tous les stands, leurs marchandises sont incroyables. Ils brillent encore plus fort lorsqu'ils repèrent de splendides chevaux de bois, sauvés, comme je l'apprends ensuite, d'un manège voué à la destruction. J'ai un coup de cœur pour ces deux pièces délicates, qui évoquent avec puissance l'innocence de l'enfance, le plaisir du jeu, de la roue qui tourne. Je suis immédiatement saisi. Je franchis le pas. J'appelle ma fille à me rejoindre sur le stand et lui dis que je vais m'offrir ces deux chevaux. Je ne sais si je les vendrai ou les conserverai, mais je sais qu'ils font sens, là, maintenant, pour moi. J'organise leur livraison en France, dans une effervescence qui me plaît. Je ressens le frisson de l'événement qui compte, de l'objet qui veut dire quelque chose. Lorsque nous quittons le marché, je sais avec certitude que je reviendrai bientôt. Quelque chose est en place. Pour la petite histoire, j'ai mis très longtemps à les vendre, ces chevaux ! Et je les ai revendus moins chers qu'à l'achat. On ne peut pas gagner à tous les coups, je le sais bien…

Nous sortons de cette parenthèse enchantée en nous replongeant dans le quotidien foisonnant et vibrionnant. Nous nous dirigeons vers le marché aux poissons. En comparaison, le marché aux viandes de la veille nous apparaît soudain nettement plus supportable ! Le décor est si pittoresque : des enfants, pieds nus, courent autour de nous, leurs sourires sont lumineux. Le marché donne sur l'océan, de vieilles barques multicolores voisinent avec des filets de pêche. Il fait chaud, c'est la fin de matinée. Au cœur du marché, les mouches volettent de partout, mais Carla et moi nous amusons bien. L'après-midi, nous optons pour de plus gros animaux. Nous devons alors quitter Bombay, nous prenons le train pour aller visiter des réserves de tigres ! J'ai offert à Carla un appareil photo et je suis vraiment ravi que nous participions tous deux à ce safari-photo. Par chance, alors que nous roulons dans notre pick-up ouvert, et que notre guide nous prévient qu'il faut parfois attendre longtemps avant de voir le moindre animal, deux énormes fauves, magnifiques, nous approchent. Bien sûr, le chauffeur a le pied sur l'accélérateur – d'un instant à l'autre, l'un de ces félins peut avoir envie de nous sauter dessus ou sur une antilope qu'il aura vue passer derrière nous. Mieux vaut être prudents… Des photos, oui, l'hosto, non ! Lorsque nous quittons la réserve, nous ne savons pas encore que nous faisons route vers un lieu, vers des gens qui comptent beaucoup pour moi aujourd'hui.

## Manji

Je prie notre chauffeur de nous mener à travers la campagne. Nous voulons voir autre chose que les villes, nous voulons, comme à la laverie, aller à la rencontre des gens. Carla et moi nous montrons les photos que nous avons prises avec les tigres. Ce voyage initiatique se passe bien, au-delà même de mes espérances. Nous entrons dans un petit village dont les rues sont tracées à la terre battue, dont les toits plats semblent faits d'argile. Il n'y a pas grand monde à première vue, une trentaine de maisons, simplement. Nous demandons à notre chauffeur de nous laisser descendre, puis nous nous mettons à déambuler dans les rues. Et là, comme par magie, une petite fille, de sept-huit ans, vient à notre rencontre. Elle nous sourit et, tout de suite, prend la main de Carla. Elle nous invite, en anglais, à venir boire un thé chez elle ! Comme dans un conte pour enfants, Carla et moi sentons que c'est la chose à faire : nous décidons de suivre Manji, dont les cheveux noirs coupés au carré dansent dans la brise légère.

Nous passons la porte d'une maison extrêmement modeste mais très conviviale, nous pouvons presque sentir physiquement l'affection des membres de la famille. Manji a un petit frère, qui semble aussi espiègle qu'elle. Son père arbore une coupe à la Elvis Presley, sa mère porte le voile hindou. Le père nous remercie d'avoir accepté de prendre le thé, me dit, comme sa femme, que très peu de gens passent dans leur village et qu'ils sont ravis de pouvoir échanger avec nous. Le courant passe tout de suite, et ils nous expliquent leur quotidien.

Le père occupe un poste administratif à l'hôpital et gagne un salaire de misère. Sa femme se charge de Manji et de son frère à la maison. Alors que nous continuons tranquillement à causer et à jouer avec les enfants, derrière les fenêtres, qui sont de simples encadrements vides, plusieurs personnes se sont massées pour jeter un œil aux invités atypiques que nous sommes.

Nos hôtes nous présentent à l'ensemble du village et nous proposent d'aller visiter l'école. Nous nous croyons alors revenus dans les années 1940-1960 en France : de nombreuses planches dessinées, telles les Deyrolle et les Vidal Lablache, sont accrochées aux murs. À côté des tables de multiplication, on lit des phrases soigneusement écrites en anglais au tableau. Plusieurs bancs de bois sont disposés les uns derrière les autres ; c'est la seule classe du village. Puis on nous emmène voir le moulin à farine, dont s'occupe le grand-père de Manji. La meule est très ancienne, cela se voit, et pourtant elle fonctionne toujours. Je ferai mien une sorte de dicton : « Si un objet ne fonctionne plus, il fonctionnera en Inde ! » Cela s'est vérifié je ne sais combien de fois. Mais la nuit commence à tomber, notre chauffeur nous dit qu'il est temps de rentrer. Les parents de Manji nous proposent de rester : ce soir-là se tient, par chance, la fête d'un mariage célébré le jour même ! C'est un grand honneur pour nous d'être ainsi invités par des gens que nous ne connaissons pas encore et qui nous offriront un accueil incroyable, comme tous les habitants du village.

Je me réjouis de pouvoir prendre des photos. Si nous n'avons pas assisté à la cérémonie en elle-même, les festivités ne seront sans doute pas moins riches en couleurs et en beauté. Je vise des hommes habillés de leurs beaux costumes en soie, aux teintes aussi variées qu'éclatantes, des femmes savamment enveloppées dans des saris aux découpes élégantes et des enfants dont les sourires feraient fondre des montagnes. Comme les mariés, ma fille se laisse tenter par un tatouage éphémère, elle s'amuse. Je me sens si privilégié de pouvoir ainsi partager ce moment hors de notre quotidien avec elle. Je sais que Karine, en France, pense à moi comme je pense à elle, et se réjouit de ce moment que je passe avec Carla. Je suis vraiment ému par cette communion.

Et puis, il faut quand même rentrer, alors que la fête bat son plein, sinon nous n'arriverons jamais à temps à la prochaine étape de notre périple. Alors que nous allons quitter cette assemblée, Carla me regarde droit dans les yeux et me lance : «Tu ne peux pas les laisser comme ça.» Elle me dit que je dois faire quelque chose, que, pour moi, ce ne serait pas grand-chose mais que ce serait déterminant pour eux. Plus tôt dans la journée, les parents nous ont confié qu'ils espéraient voir leur fils poursuivre ses études ; Manji serait, quant à elle, déscolarisée à treize ans. Elle retournerait à la maison, avec sa mère, dans l'attente de son mariage. Ils aimeraient faire autrement, mais la culture, les finances, les traditions, les empêchent d'envisager une autre solution. Carla a raison. Peut-être s'est-elle reconnue en Manji. Peut-être s'est-elle dit qu'il n'était pas juste qu'une jeune fille, parce qu'elle était née ailleurs qu'en France, ne puisse pas, comme elle, recevoir une éducation et jouir de sa liberté.

Oui, je peux faire quelque chose. J'ai toujours donné à des ONG, selon les années et les luttes qui me semblaient les plus urgentes – elles le sont toutes –, mais j'ai fini par comprendre que rien n'est plus puissant qu'aider *directement* quelqu'un, de connaître la personne qui est dans le besoin, de voir l'amélioration de sa situation. Je donne toujours à des associations, mais, comme je le ferai plus tard sur le plateau d'« Affaire conclue », je suis heureux de pouvoir rencontrer ceux auxquels j'apporte mon soutien, de nouer un lien qui va au-delà de la question purement matérielle. C'est le cas depuis près de sept ans avec Manji et les siens.

Je dis alors à son père que je lui ferai parvenir, tous les mois, une certaine somme d'argent. Cette somme servira à toute la famille, bien sûr, et il faudra me promettre, promettre à Manji, qu'elle ne sera pas mariée à treize ans, qu'elle aura le droit de faire des études longues, comme son frère. Je ne m'étalerai pas ici sur la réaction immédiate des deux parents ; je dirai surtout qu'ils m'envoient, comme si j'étais de leur famille, des dessins et des mercis, la copie des bulletins des enfants, et, lorsque je viens en Inde, ils traversent le pays, parfois plus de huit heures de voyage, pour que nous puissions nous revoir. Manji et son frère grandissent tous les deux et Manji n'a pas été mariée. Tous deux sont brillants et nos embrassades sont les meilleures des récompenses. Leur bilinguisme aussi est épatant : bientôt, si ce n'est déjà le cas, ils parleront bien mieux anglais que moi ! Ils sont bosseurs, ils méritent de pouvoir s'en sortir, comme tout un chacun.

Je ne me voile pas la face, je sais que je ne changerai pas le monde ainsi, mais c'est ma petite contribution. Et, ce que j'aime dans cette histoire, c'est que nos origines importent peu : nous sommes amis et c'est tout. Je sens tout simplement que c'est le bien qui est fait.

Nous avons six enfants avec Karine. Quand il y en a pour six, il y en a pour huit. Nous avons vécu la plus belle rencontre de notre voyage même si, à ce moment-là, nous ne savons pas qu'elle donnera lieu à une relation au long cours. Peu de temps avant notre retour en France, nous faisons escale à Delhi. Après mon coup de foudre au Chor Bazaar, je veux savoir ce que Delhi a à m'offrir. Lorsque nous arrivons sur place, je me dis que lorsque l'on parle de *gros* marchands, ici, on n'est vraiment plus en Europe. Les richesses exposées sont colossales ! Le showroom est tout bonnement énorme, les entrepôts s'alignent à perte de vue, il y en a pour des millions d'euros. Des portes sculptées, des établis industriels, d'anciens meubles de pharmacie et d'autres métiers… je ne sais plus où donner de la tête ! J'ai envie de tout emporter, ça y est. La passion est bel et bien déclarée : je suis entré dans ma phase indienne.

## XI

## Une bibliothèque de bateau

En septembre 2012, quelques mois après mon voyage avec Carla, je me rends comme chaque année au salon Maison et Objet au Parc des expositions de Paris-Nord Villepinte. Ce jour-là, nous sommes partis avec Karine pour faire quelques emplettes, peut-être, mais surtout pour découvrir les nouvelles tendances. Nous allons à la rencontre de Jacques Dworzac, que nous connaissons bien, qui est spécialisé dans les horloges et le matériel de bateau. Il est l'un des pionniers de ce segment de la brocante : c'est lui qui a rapporté la proue du *France* et l'a vendue chez Artcurial. Alors que nous échangeons devant son stand, il m'apprend que, depuis dix ans, il se rend régulièrement en Inde pour affaires. Je lui raconte que je viens d'y aller avec ma fille et que je rêve d'y retourner. Hasard du calendrier : il part très bientôt et me propose de l'accompagner si l'aventure me tente. Une telle occasion ne se représentera peut-être pas deux fois, c'est un signe. Chor Bazaar, j'arrive ! Jusqu'au jour du départ, Karine me voit surexcité. Je ne sais pas encore avec certitude comment va se passer ce voyage. Karine, elle, est, encore une fois, extrêmement lucide :

si tu veux continuer à acheter, me dit-elle, il va falloir commencer à vendre. Je vais acheter avec Jacques, pas de doute. Alors il faut vendre, Karine a raison.

## De l'Orient vers l'Occident

Arrivés sur place, nous ne perdons pas de temps. Un passage express à l'hôtel et nous voilà déjà à la chasse aux objets – ce qui n'est pas pour me déplaire. Je me sens juste un peu gêné : j'achetais chez Jacques il y a peu et il va me dévoiler le nom de ses fournisseurs… Lorsqu'il me dit que je peux faire des affaires avec eux, il me semble évident de passer après lui, une fois qu'il a opéré sa sélection. Je découvre un entrepôt destiné aux seuls professionnels, incroyable caverne d'Ali Baba, plus stupéfiante encore que le marché de Bombay. La variété et la quantité des objets dépassent tout simplement l'entendement. Je regarde, ébahi, ce que je pourrais emporter chez moi. Je fais quelques emplettes pour notre famille, mais je reste très mesuré. Et je fais bien, vu ce que je vais découvrir par la suite…

L'un des contremaîtres nous encourage à aller dans une petite ville du Rajasthan, où se trouvent de gros vendeurs, aux marchandises exceptionnelles. Avec Jacques, nous décidons de nous rendre sur place avec lui, qui sera notre interprète. Je découvre alors ce qui deviendra ma destination favorite : plusieurs centaines de milliers de mètres carrés s'étalent sous mes yeux. Abasourdi, je pense à ce que dirait mon père devant cet océan d'objets hétéroclites. Je déambule et, à chaque recoin, je tombe sur une pièce qui me ravit. Après mes achats du début de journée, je suis en ébullition, je sens que je vais complètement craquer. C'est alors que je découvre une espèce de bibliothèque de bateau, en acier et laiton, dont chaque étagère est masquée par une vitre, que l'on peut intelligemment repousser vers le fond. Il y en a plusieurs exemplaires, tous légèrement différents les uns des autres. Le pays est si grand que nombre d'objets, quasi similaires, ont été produits au fil des siècles. C'est une fabrication artisanale et, de même qu'il existe de nombreuses commodes Louis XV en France, il existe de nombreux « exemplaires » de cette bibliothèque, qui ont dû naviguer sur autant de navires. Une bibliothèque vaut cent vingt euros. Je ne sais plus ce à quoi j'ai précisément pensé à ce moment-là. À tous les domaines professionnels dans lesquels je me suis investi par le passé ? à l'échec d'Enchereonline ? Peut-être est-ce comme une révélation… Toujours est-il que j'achète sur-le-champ *cinquante* de ces bibliothèques. Bien sûr, mes compagnons de voyage sont un peu interloqués et me demandent si je suis sûr de moi. Oui, je prends, et je remplis mon premier container professionnel, qui sera livré chez moi, à la campagne. Plus que jamais, je suis sûr de mon coup.

En octobre 2012, j'ai donc en stock mes cinquante bibliothèques. Anciennes, patinées, elles sont superbes. Je me retrouve à aller démarcher des marchands aux puces, ceux-là mêmes dont Karine et moi sommes clients depuis des années. Je parviens à convaincre trois d'entre eux, qui me disent que c'est de l'excellente qualité. Ils m'en prennent une chacun, certains en achat ferme et d'autres en dépôt. En dépôt, le marchand peut rendre la marchandise s'il ne parvient pas à lui trouver un client. Bien sûr le tarif que j'applique à ceux qui optent pour l'achat ferme est avantageux... Très vite, une première bibliothèque se vend. Petit à petit, les cinquante trouveront preneur. Je les vends deux cent cinquante euros aux marchands, ils les revendent généralement six cents. La valeur de la bibliothèque a été multipliée par cinq depuis l'Inde. Je suis ravi de la tournure que prend cet investissement. Il y a quelque chose de plus à faire, j'en suis convaincu.

Après notre retour d'Inde, je continue à être le client de Jacques : il voyage en Inde six fois par an, il a toujours des idées formidables. De mon côté, je m'y rends quatre fois en 2013 (aujourd'hui, j'y vais environ deux fois chaque année, toujours pour le business, mais aussi pour avoir le plaisir de m'échapper puis de revoir Manji et les siens). Je suis surexcité par ce nouveau chapitre de ma vie professionnelle, dont je sens qu'il arrive au bon moment, qu'il me permet de retrouver ma place, un peu comme un retour aux sources – même si ATV m'occupe plusieurs jours par semaine, avec le même enthousiasme. Karine, de son côté, me pousse à développer ce nouveau business, dont elle voit qu'il m'épanouit. Elle m'encourage à devenir grossiste : j'achète en Inde et je revends à des marchands installés en France. Il s'agissait d'y penser. Je suis celui par lequel les objets transitent de l'Orient vers l'Occident.

Au-delà de ces voyages en Inde, je me mets à acheter aussi en Angleterre, où je me rends chaque mois, ainsi qu'en République tchèque, où je me déplace chaque trimestre. J'y trouve des bancs de gymnastique, et des chevaux d'arçon qui feront office de décoration dans des espaces contemporains, mais aussi des objets en émail, notamment des cruches et de vieux pétrins transformés en bar. Je me déplace aussi aux Pays-Bas, en Belgique, bien sûr, deux terres historiques de brocante. À Bruxelles comme à Paris, il y a un quartier où se concentrent les antiquaires, au sein de marchés et de boutiques individuelles. Moins de sept ans après, en avril 2019, j'y ouvrirai une boutique. Mais je n'y suis pas encore…

Je ne cesse de découvrir de nouveaux fournisseurs, qui me proposent des marchandises plus extraordinaires les unes que les autres. Alors, bien sûr, j'ai envie de m'essayer à l'exercice. D'abord timidement puis avec davantage d'assurance. Je commence par m'installer sur un stand à la foire de Chatou, au printemps. C'est un bon test, la manifestation est très courue et j'y connais déjà des vendeurs. De découverte en découverte, je me sens de plus en plus à mon aise. Je fais une sélection des meilleurs objets en ma possession et j'ouvre mon stand. Bingo ! Les acheteurs affluent. Quelques semaines auparavant, j'ai ouvert trente mètres carrés en Angleterre, sur l'Antic Center d'Hemswell, un village entier consacré à la brocante, qui se trouve à Gainsborough, entre Lincoln et Newark. C'est ce stand qui portera le premier le nom de My Discoveries. Dès le départ, j'ai le désir de créer, à travers une boutique, puis des boutiques, une enseigne que l'on peut s'approprier. Elle s'appellera My Discoveries by Julien Cohen, mais je souhaite aller encore plus loin et, pourquoi pas, ouvrir des franchises : Mes Découvertes by Paul, Karima, Mylène, Franklin, Jacqueline, Patrick… J'aurai bien le temps d'y penser. Tenu par un seul vendeur, le stand fonctionne bien. Déjà, je l'habille de végétation et fais en sorte de le rendre lumineux, moderne.

Avec Jacques, nous continuons à voyager. Nous allons au Vietnam ensemble : nous espérons trouver des avions : je rêve d'en démanteler un pour en faire des objets déco – mon goût pour la transformation est déjà à l'œuvre. Nous n'en trouverons pas cette fois. En revanche, mon inclination pour le jeu sera comblée. J'aime, où que je me trouve sur la planète, trouver des partenaires de jeu. Dans les couloirs de notre hôtel, pour m'amuser, je sors trois cartes de mon portefeuille – j'en ai toujours sur moi. Je me tiens derrière une petite console du couloir, et je lance une partie de bonneteau. Jacques accepte de jouer. Comme je le dis souvent, si vous regardez les cartes lors d'une partie, vous perdrez, c'est sûr. Pour espérer gagner, *il ne faut pas* les regarder : vous aurez une chance sur trois, au moins, de vaincre votre adversaire. Au fur et à mesure de la partie, les employés de l'hôtel se massent du côté de Jacques. L'un des garçons d'étage, qui parle anglais, me demande s'il peut se joindre à nous. Bien sûr, je lui propose de jouer avec *mon* argent comme mise de départ. S'il gagne, il pourra le garder. Le démon du jeu semble s'être emparé de lui et il tente sa chance. Mais le bonneteau, évidemment, c'est traître. S'il a réussi à gagner une fois – bravo à lui –, il ne résiste pas à l'idée d'une partie supplémentaire, et il perd tout. Ces trois cartes, toujours prêtes à jouer, m'ont offert le surnom de Red Ace en Inde…

## Quarante mètres carrés au Marché Dauphine

Lorsque je me rends en Inde, au Rajasthan, je rencontre chaque fois de nouveaux marchands qui m'en présentent d'autres, lesquels m'envoient chez leurs confrères, et ainsi de suite. Je ne sais plus où donner de la tête ! Et je me retrouve un jour à un nouveau tournant de ma carrière, grâce à Hugues Cornière et Benoît Ramognino. En mars 2014, ces deux experts et marchands viennent me chercher à Chatou : ils souhaitent valoriser le Marché Dauphine, l'un des grands marchés des puces. Ils me demandent si cela m'intéresse de m'y installer – un stand s'est libéré, à quelques allées de la boutique que nous avions achetée pour Enchereonline, il y a des années, peut-être là où je suis entrée avec ma mère lorsque j'étais enfant. Il me faut peu de temps pour accepter leur offre. Ma première boutique en dur est un stand de quarante mètres carrés. Le Marché Dauphine est couvert : quand il pleut, il ne désemplit pas ! Je prends grand soin de la décoration, j'installe de nombreuses plantes. C'est la première fois que je vais pouvoir investir un lieu à cent pour cent. Les objets que j'ai placés, ici et là, vont revenir sur mes étals. Je suis ravi. Une ombre se profile pourtant au tableau : certains de mes voisins me regardent avec suspicion. Ils estiment que ma marchandise est trop belle pour être authentique, ils imaginent qu'elle est neuve. Je ne sais pas précisément qui est à l'origine de la procédure, mais Édith Lory, la directrice du Marché, m'annonce un jour, peu de temps après mon arrivée, qu'elle doit dépêcher des experts dans ma boutique. Pas de problème, je suis prêt à attester de ma bonne foi – et je peux comprendre le désir de mes pairs d'être rassurés sur la nature de la marchandise vendue.

En juin, des experts débarquent au magasin. Je leur montre les vidéos que j'ai tournées en Inde – j'aime documenter mes trouvailles (mes vidéos sont désormais disponibles en ligne). Ces experts ont vu passer des milliers de pièces entre leurs mains – et pas des moindres. Je n'ai aucun doute quant à leur honnêteté. Aucun des objets que j'ai transformés ou remis à neuf n'a perdu son caractère historique. L'ensemble des experts donne sa validation. Édith est rassurée, et me confirme que la nouvelle sera répétée à qui de droit. Elle me complimente aussi et son assentiment m'est très précieux. Je me dis que je dois continuer à faire mon travail sérieusement, comme je l'ai toujours fait, sans prêter attention à ce que l'on pense de moi. Vient alors le moment de m'entourer : il me faut un marchand pour vendre mes découvertes. J'ai souvent une préférence pour les vendeurs seniors qui m'apparaissent comme les meilleurs au service du client. Il existe évidemment des contre-exemples, mais j'ai tendance à les choisir en priorité – j'aime leur expérience et leur bienveillance… Jean-Paul est fabuleux : il harangue tous les passants et va parfois jusqu'à les chercher sur le stand du voisin. Il a d'excellents résultats ; il ne lâche jamais rien, même lorsqu'un client quitte le stand sans rien acheter. Il lui tend notre carte de visite, lui donne envie de revenir en vantant les prochaines arrivées. Il est très accrocheur sans jamais manquer de respect. En 2018, il montera sa propre boutique, non loin de la mienne. Lorsque je suis aux puces, le lundi ou le vendredi, je vais immanquablement le saluer.

Mais, alors que Jean-Paul est encore à Dauphine, l'un de nos voisins veut céder son stand. Je me dis que c'est le moment de passer à la vitesse supérieure, et j'achète pour nous agrandir. Puis je ne cesserai pas de repousser les murs : en trois ans, nous passons de quarante à deux cents mètres carrés. Les mois passent et les clients nous font des retours extrêmement positifs, qu'il s'agisse des objets exposés ou de l'ambiance de la boutique, qui les met en joie et, me disent-ils, « rajeunit la brocante traditionnelle ». Je suis si heureux de recevoir cet adoubement des acheteurs, les seuls vrais décideurs. Je fais l'acquisition d'un nouvel entrepôt, bien plus conséquent, pour abriter l'ensemble de mes marchandises. Le transfert des objets est assuré en un temps record par Fred, le maître de ces situations.

Mes entrepôts reçoivent des lots de plus en plus nombreux, de plus en plus variés. Au fur et à mesure de mes voyages, je choisis mes mètres cubes de marchandises de plus en plus vite. Les containers, des high cube, mesurent douze mètres de long. Les premières fois, j'hésite, je reviens sur mes pas, je regarde attentivement. À présent, je sais immédiatement ce que je veux. Je montre à mes interlocuteurs ce que je souhaite emporter. Quand je vois tout ce que j'achète, je m'interroge forcément. J'ai vécu dans l'opulence toute ma jeunesse, mais il est tout de même possible qu'il y ait un petit manque que je cherche à combler – j'y travaille. Pour exprimer tout le plaisir que j'ai à acheter, je peux pasticher le « Je pense donc je suis » de Descartes en

« J'achète donc je suis », même *je jouis*. Mes accidents de parcours expliquent aussi ce penchant : quand j'ai perdu tout mon argent en Bourse, j'ai pris une telle claque que je préfère aujourd'hui voir mon patrimoine se concrétiser en quelque chose de vrai, qui fait sens, plutôt que de voir défiler des chiffres abstraits, clignotant sur un écran.

Ce que j'aime aussi par-dessus tout, c'est l'émulation que suscitent les objets. Par exemple, je me souviens d'une table qui aurait pu être parfaite s'il ne lui avait pas manqué, une fois dépliée, une baguette centrale pour stabiliser son mécanisme. Je l'ai dit à mes interlocuteurs en Inde : le défaut a été corrigé et elle s'est très bien vendue en boutique. Je peux aussi leur demander, lorsqu'ils restaurent une commode, par exemple, de me présenter la patine que je désire, celle qui correspond au goût du public français. Qu'il s'agisse d'aspects techniques ou esthétiques, nous partageons nos savoir-faire et nos valeurs respectives. Ils ne sont pas identiques en France et en Inde, ils peuvent donc s'enrichir réciproquement. Les marchands apprécient réellement ce partage.

Ceux que j'appelle les « maharadjahs de l'antiquité » ont des valeurs de stocks entre trois cents et cinq cents millions d'euros et des entrepôts de cent mille mètres carrés… Ils emploient de huit cents à mille personnes dans leurs locaux. À leurs yeux, je suis minuscule – on est toujours le petit de quelqu'un. Grâce à leurs superbes marchandises, j'ai des idées à n'en plus finir, au fur et à mesure que les objets arrivent. Je transforme ma première machine à coudre en lampe, j'utilise des cerclages de charrue pour en faire un globe de métal, décoratif pour le jardin, ou des fontaines extérieures en fonte que je transforme en bacs à fleurs intérieurs. Des coffres-forts, qui sont habituellement donnés pour rien quand on débarrasse des maisons, au vu de leur poids et de leur peu d'utilité, sont remis à neuf. Décapés par des artisans, ouverts par une nouvelle clef, ils sont réassignés à leur fonction première mais offrent un aspect décoratif intégralement repensé. Je commence aussi à récupérer des planches de charpente dans les structures d'immeubles indiens en cours de destruction. Très épaisses, elles sont passées à l'aérogommeuse puis débarrassées de leurs aspérités inesthétiques, ce qui permet de laisser réapparaître certaines veines élégantes du bois. Elles sont ensuite recoupées aux dimensions d'une table, puis poncées. Résultat : j'ai le tablier (le « dessus ») d'une table. Je récupère d'anciens pieds de machines industrielles en fonte, je les fais monter et l'on obtient de superbes meubles, qui peuvent faire 2,40 mètres, ou encore 4 ou 5 mètres de long. De nombreux clients aiment ce genre de tables, comme celle de mon enfance, pour leurs résidences secondaires.

C'est un plaisir fou de laisser libre cours à son imagination. Je découvre un lot de deux mille cadenas, recouverts de peinture. Lorsque je les vois, je pense immédiatement au pont des Arts de Paris, sur lequel les amoureux accrochaient des cadenas gravés de leurs deux prénoms. Lorsqu'on gratte la peinture, un très beau laiton apparaît. La majeure partie d'entre eux a encore sa clef. Je demande à mes interlocuteurs de les décaper et de les polir. C'est très beau : l'on découvre de petites inscriptions sur les cadenas, qui datent des années 1900-1920. Une fois poncés, ils sont splendides et peuvent rejoindre la boutique !

Avec les années, les vendeurs indiens apprennent à me connaître, à deviner mes attentes. Lorsque j'arpente leurs magnifiques entrepôts, ils sont souvent très fiers de me montrer ce qu'ils ont mis de côté pour moi depuis ma dernière visite, qu'il s'agisse d'un lot de ressorts d'un mètre de haut, d'un chariot démantibulé ou d'énormes luminaires de bateaux. Ils anticipent formidablement bien les désirs de leurs clients – c'est dans leur intérêt aussi. Ils connaissent la valeur de ce qu'ils me présentent. Bien sûr, leurs prix sont inférieurs à ceux pratiqués en Europe, mais cela n'empêche pas leur hausse régulière, ni, surtout, que nous menions à bien des négociations serrées et stimulantes !

Nous sommes à la fois partout et nulle part, au milieu de ces objets qui racontent tant de vies et tant de gens. Au milieu de ces friches industrielles, l'attendu côtoie l'exceptionnel. Je croise des pièces insolites, bien sûr. Il arrive qu'on échoue à en transformer certaines. Je me souviens d'une pièce très imposante, mais très étonnante, qui provenait d'une machine industrielle. Ses quatre cents kilos m'ont empêché d'en faire quoi que ce soit. Pour une cuve à huile en métal de plus d'une tonne, oblongue, enterrée dans le sol, nous avons découpé les extrémités pour en faire… des tables. Je continue à acheter de grosses quantités, mais mon stand de Dauphine ne me permet plus, déjà, d'exposer l'ensemble de mes marchandises. Je vais devoir voir plus grand, c'est certain.

## Comme de jeunes amoureux

En 2014, nos cinq premiers enfants ont tous quitté le nid, Nina a neuf ans et Karine et moi vivons une intense période de bonheur. Comme moi, elle s'éclate dans son métier de coach, pour lequel elle continue de se former. Nous avons le plaisir de voyager souvent avec Nina, de la voir au quotidien, de partager avec elle des moments précieux, que je n'ai pas forcément pu avoir avec Zacary et Carla – à la fois parce que j'étais séparé de leur mère, mais aussi parce que je travaillais nuit et jour, d'abord chez ATV puis chez Western Telecom. On ne rattrape pas le temps perdu, mais on apprécie mieux le temps qui nous est offert. D'ailleurs, l'un des moments que je préfère dans ma vie, que j'adore vraiment, c'est, le soir, lorsque nous sommes tous les deux au lit avec Karine, l'un contre l'autre, à résoudre une grille de sudoku. Ne comptez pas sur moi pour évoquer quoi que ce soit d'autre, même si je peux vous assurer que nous aimons tous les deux, après plusieurs années de mariage, prendre soin de continuer à nous séduire.

Pour ce faire, par exemple, j'aime changer de garde-robe régulièrement. Peu importe les styles que j'essaie, j'aime toujours porter de beaux blousons de cuir, avec de gros cols. Je me souviens, alors que j'étais dans un souk, un jour où il faisait 45 °C, je suis tombé sur un bombardier de la marque Schott en mouton retourné. C'est la référence ultime, et on en trouve aux puces de Paris entre quatre cents et cinq cents euros, pas moins. Le vendeur, sous cette chaleur, le proposait à cent dollars ! Excellente nouvelle. Il était peu probable qu'il tombe sur un autre acheteur. Nous avons fait affaire : nous étions le messie, l'un pour l'autre. Je crois que je ne me lasserai jamais du plaisir d'une bonne affaire, qui naît toujours d'une bonne rencontre, de l'adéquation entre deux désirs. La carrière que j'entame suite à mon voyage en Inde me permet chaque jour d'éprouver ce sentiment incroyable.

# XII

## L'arbre aux abeilles

À notre divorce, prononcé en 2003, je laisse à Marie-Laure notre ancienne maison de campagne et, pendant de longues années, nous rêvons, Karine et moi, de pouvoir un jour nous offrir notre refuge au cœur de la verdure. Nous visitons de nombreuses demeures, sans jamais avoir le coup de cœur – il y a toujours quelque chose qui manque ou quelque chose de trop. Pas question d'acheter pour acheter. Et puis un jour, alors que nous sommes résignés, nous parcourons une propriété merveilleuse dans la Nièvre, en Bourgogne. Au calme, la nature tout autour, nous ressentons un extraordinaire bien-être en traversant les différentes pièces. Comme cela m'arrive avec les objets, je sens que nous avons quelque chose à vivre avec cette maison, et qu'elle est, en quelque sorte, faite pour accueillir notre famille. C'est un coup de foudre partagé, avec Karine. Elle n'est pas du tout «clef en main», comme on dit, mais nous n'avons pas peur des travaux. Nous sommes d'autant plus heureux de pouvoir rénover cette maison à notre image. Nous avons l'immense bonheur de pouvoir faire l'acquisition de cet endroit grâce à un nouveau prêt que notre banque nous accorde, au vu de la bonne santé d'ATV. Je ne me lasse pas de chérir le confort que nous sommes parvenus à construire en plus de trente ans de travail acharné, d'abord chacun de notre côté, puis ensemble. Et, une fois n'est pas coutume, cette maison va me conduire à un nouveau business. L'entrée dans le monde merveilleux de la brocante n'a pas éteint mon goût pour les affaires. Au contraire, il lui a permis de pouvoir s'exprimer encore davantage, si toutefois c'était possible…

## L'appel de la forêt

En 2014, alors que je cherche à m'outiller pour m'occuper de la maison, je découvre une scierie mobile. C'est une scie à planche ou à tronc d'arbre qui peut être tirée derrière un véhicule, voiture ou tracteur. C'est extrêmement pratique et cela révolutionne la manière de travailler le bois. Je découvre les témoignages d'acheteurs, dont l'un d'eux, un Anglais, explique qu'il possédait une scierie au bord de la faillite et qu'il s'en est sorti en se lançant dans la parqueterie de luxe avec cet outil, grâce à un investissement minimum. Je décide donc, moi aussi, de tenter l'aventure – mais je n'ai pas besoin de la scierie mobile, chaque chose en son temps. Je dois d'abord trouver la matière première. Alors, comme il vaut mieux commencer petit, j'achète quelques hectares en 2014, à côté de notre maison. Ils abritent châtaigniers, chênes, cormiers, charmes, hêtres, merisiers, sorbiers, tilleuls, acacias, robiniers et érables. Un vrai coin de paradis. Ce nouveau défi me plaît d'autant plus qu'il me permet de travailler une essence que j'adore, le bois. Pour m'investir complètement dans ce projet, je m'y rends tous les week-ends. Et, en parallèle, je suis des cours spécialisés de l'ONF (l'Office national des forêts). J'apprends ce qu'est une essence de forêt, une coupe d'éclaircie, une coupe de taillis. Je dois aussi savoir comment choisir des bois, comment utiliser correctement une machine, sans qu'elle soit surdimensionnée, par exemple. Là, je suis attentif et studieux : voilà une école qui me plaît !

Je suis complètement séduit par ce nouvel univers. Pour compléter mes connaissances de débutant, je lis de nombreux livres sur la question, aux intitulés aussi tordus que les arbres dont je dois m'occuper. J'apprends le b.a.-ba, comme me servir d'une tronçonneuse, comment couper en fonction de l'inclinaison de l'arbre, de sa taille, tout ça en essayant de ne pas avoir d'accident. Lorsque l'on part seul en forêt pour travailler, il faut être très prudent et parfaitement équipé. Du coup, je m'entoure aussi de professionnels, rencontrés dans des circonstances étonnantes. Alors que je suis en Angleterre pour la foire d'Ardingly, j'échange avec deux jeunes Français, Paul et Romain, dix-huit ans à peine, rencontrés dans un *bed and breakfast*. Ils effectuent là un stage de bûcheronnage. Je leur dis combien je trouve que c'est un métier difficile ! Ils me répondent que c'est leur passion. Alors je leur propose de venir travailler dans ma forêt : ils y passeront plusieurs mois. Paul et Romain élaguent, tels de véritables acrobates, protégés par leurs combinaisons, solidement harnachés avec leurs mousquetons. Ce sont deux gamins tout frêles, dont l'un est ceinture noire de judo, et l'autre pompier de Paris !

Tous les deux sont des bêtes de travail. Ils peuvent manipuler la tronçonneuse huit heures durant ; je suis épuisé au bout de deux.

La forêt avait été laissée à l'abandon depuis une quarantaine d'années. Je ne souhaite pas qu'elle soit trop rectiligne, trop régulière, comme peuvent l'être certaines, alors, avec eux, nous créons des sentiers qui se confondent véritablement avec les reliefs du sol. La forêt française s'étend chaque année. Les propriétaires ont évidemment le droit de couper quand c'est nécessaire, en respectant des règles. La coupe est un mal nécessaire : il faut éclaircir les taillis, créer des espaces pour les beaux arbres, etc. Nous ramassons les chablis, c'est-à-dire les arbres qui ont été déracinés par une tempête. C'est un vrai mikado, la technique est très délicate. Mais mes deux bûcherons sont d'excellents partenaires...

Petit à petit, je développe un relationnel fort avec mes arbres, je leur donne même des petits noms. Ils sont encore plus beaux que des monuments façonnés par la main de l'homme. L'un d'eux est au bas d'une pente caillouteuse et ferreuse. Noueux, il ressemble à un arbre de sorcier qui pourrait se mettre à parler, comme les Ents dans *Le Seigneur des anneaux*, qui aident à sauver la Terre du Milieu... Souvent, je les regarde aussi en pensant à ce que ce bois, ces arbres vont devenir. Les quatre premiers mètres, le merrain, offrent un bois d'une extrême qualité, qui sert notamment à la fabrication des tonneaux. Les quatre mètres suivants sont utilisés pour les charpentes. Au-delà, c'est du bois pour le chauffage. Alors je tente d'estimer quel prix va être attribué à chacun de mes arbres. Il n'est pas question pour moi de couper à blanc, c'est-à-dire d'en couper l'ensemble en une seule fois. Je me projette à dix, vingt, trente ans. Ce n'est pas moi qui profiterai de cet investissement, ce sont mes enfants. Cette forêt, je la leur transmettrai. Bien évidemment, je la donnerai à celui, à celle, à ceux qui auront le sens le plus aigu de la construction patrimoniale. Ils devront se projeter cinquante ans plus tard, comme je le fais déjà…

## Le monde est bio

Ce bois me permet de me chauffer chez moi, et donc d'éviter la polluante énergie fossile. J'ai la chance de pouvoir prendre en compte des considérations environnementales : même l'huile que j'utilise pour entretenir mes tronçonneuses est bio ! Je veux faire tout ce qui est en mon pouvoir pour soigner la planète. Et je m'y applique aussi dans mon jardin et mon potager. Toutes mes cultures sont bio, j'utilise des plessis de châtaigniers pour réaliser des clôtures, je n'ai recours à aucun désherbant chimique. Mon dos n'aime pas ça, mais c'est un plaisir pour moi que de jardiner. Je m'occupe consciencieusement de mes concombres et de mes potimarrons, mais aussi de mes courgettes blanches, jaunes et vertes, et de mes panais. Pour prendre en charge tout ce petit monde, j'ai la chance de pouvoir compter sur mes copains des alentours, comme ils peuvent compter sur moi, en période de moissons, pour piloter une moissonneuse-batteuse ou un tracteur à la benne emplie de blé.

Mais l'un de mes exercices préférés, c'est la tonte de la pelouse ! Je calcule toutes les étapes pour tondre la surface de manière optimale, en réalisant le moins d'allers-retours à vide, afin de rapporter l'herbe coupée que je vais exploiter. C'est un savant alliage de code informatique et de billard (pour les tracés !). Ensuite, je bêche avec entrain pour produire mon propre engrais naturel en faisant composter la pelouse tondue. Je tapisse la terre d'orties coupées sur cinq centimètres avant de la remuer, de laisser décomposer, puis de retourner.

Je suis devenu très ami avec mon professeur d'horticulture. Nous passons de longues heures à échanger autour de ce savoir que je n'ai pas encore : comment tailler correctement mes pommiers en palmette, mes poiriers en U, nos variétés de cerisiers (mais pas de cerisiers burlat comme les cheveux d'Olivier !)... Nous avons aussi des fraisiers. Je me passionne pour cette extraordinaire mère nourricière dont j'ai la responsabilité et qui nous offre, tout au long de l'année, de quoi nous nourrir sainement.

D'ailleurs, ça me rend fou lorsque ma fille cherche à commander un repas en ligne... Un potager, on en profite ! Et la plupart du temps, le frigo est plein ! Karine pourrait nous cuisiner l'un de ses délicieux petits plats. Je préfère le dire tout de suite : ce n'est parce que je suis macho que Karine cuisine, c'est parce que tous ceux à qui j'ai concocté un repas m'ont fait promettre de ne plus jamais recommencer. J'essaie d'accomplir ma part en me chargeant du feu de cheminée après le jardinage... Au moins, Nina est demandeuse de nos sorties en forêt, lorsque nous allons goûter les mûres sauvages. Avec une couverture en cuir, un sécateur et des bottes, nous filons sur les sentiers. Quand on découvre des haies de mûriers, elle se met face à moi côté sentier, je prends le drap, je l'affale sur les mûriers et, avec le sécateur, je coupe les grosses grappes que je lui lance et qu'elle amasse dans un sac. Puis on rentre à la maison et on fait notre propre glace avec une sorbetière. Transformer de la matière première, c'est décidément mon truc. Nous faisons aussi nos propres confitures, et elles embaument toute la maison. Dans un chaudron en cuivre victorien de la fin du XIXe, on plonge le thermomètre pour s'assurer de la bonne température du sucre. Selon moi, lorsqu'on a la chance de posséder un bel objet, il doit être utilisé au quotidien, et non pas rester en déco dans un coin de la maison…

J'ouvre aussi, pour le plaisir, une toute petite boutique dans le village de Prémery, à côté de la maison. Je m'installe en face d'un brocanteur et lui propose, comme c'était le cas en Angleterre, de s'occuper de ma boutique en plus de la sienne : il est ravi d'accepter. Mais je ne m'arrête pas là et me lance dans la production de miel. Cette idée m'est venue grâce à la rencontre avec un apiculteur, sur un marché de la Nièvre. Je me suis dit que ça n'était pas si compliqué d'avoir des ruches dans sa propriété. J'en ai planté deux, puis je me suis retrouvé à en avoir huit, au pied de l'arbre aux abeilles, au cœur de la forêt. Quand mon frère Olivier passe l'été en famille chez nous, nous avons le plaisir d'assister tous ensemble à la récolte, et nous plaçons le précieux liquide dans la centrifugeuse. Encore une fois, j'ai le goût de l'objet adéquat pour un travail bien fait. Je n'en suis pas encore à vendre mon miel par centaines de kilos, mais je m'en sers comme cadeaux auprès de mes clients… ou des vendeurs d'« Affaire conclue » – je distribue aussi ma production de fruits et légumes aux copains des puces.

Nous vivons entourés de nos abeilles et donc de nos fleurs : jonquilles, pivoines, roses et jasmins se côtoient dans les allées, comme les rosiers tiges à Frétigny. Je me souviens que j'accompagnais mon père chez le pépiniériste, à la butte de Piclos, pas loin de chez nous. Et quand nous étions à Paris le dimanche matin, nous nous rendions chez un énorme fleuriste de l'avenue du Maine. Mon père achetait de grands bouquets qui embaumaient l'appartement. Mon objectif premier, quand j'ai eu l'opportunité de dessiner mon jardin avec une paysagiste, c'était d'offrir aux visiteurs un parcours olfactif. Bien sûr, le décor est essentiel, mais les fragrances comptent autant pour moi que les couleurs. Je m'approvisionne souvent à Rungis, à la fois pour les plantes de mes boutiques mais aussi pour notre appartement à Paris... Je peux remplir des camions pour Mes Découvertes, mais je n'oublie jamais un petit pot pour Nina, un cactus, par exemple. Je m'y rends toujours avec Fred, qui est le meilleur camarade à avoir dans ces circonstances. Je me souviens d'une fois où nous étions partis pour acheter des mini-plants de dix centimètres de haut et que nous sommes revenus avec les deux oliviers qui sont maintenant aux puces, et qui affichent trois mètres de haut et huit cents kilos !

## Une vie à la campagne

Alors que nous étions au tout début de notre histoire, j'avais emmené Karine au restaurant de Rungis, ouvert la nuit pour les travailleurs. C'est là qu'elle a dégusté son premier homard, à deux heures du matin. Je crois que je suis encore plus gourmand qu'elle. Sur le marché, le matin, j'adore manger quelques huîtres, des oursins ou des moules (les meilleures que j'ai dégustées, je les dois à la fille de mon copain Stéphane d'« Affaire conclue ») ! Mais je peux aussi opter pour un vin chaud à la cannelle sur le marché de Noël ou aux puces. Avec la vie au contact de la nature, je m'intéresse davantage à ce que je mange, à ce qui peut être mitonné. Un ami m'a montré comment choisir de délicieuses asperges ou comment dénicher les meilleurs coins à champignons des environs – si l'on n'a pas l'œil, on ne voit rien. C'est la même chose pour les objets – un amateur ne saura pas distinguer un vrai d'un faux, comme je ne peux distinguer un champignon comestible d'un champignon toxique. Heureusement qu'il y a des experts dans chaque domaine. Chaque samedi matin, d'ailleurs, depuis plusieurs années, nous réunissons un collège d'experts : Michel, cet ami, l'ancien ferronnier du village, Franck, plombier, Christophe, horticulteur de son état, et moi, brocanteur-entrepreneur... Nous nous amusons de nos regards respectifs sur nos activités et je me délecte de l'ironie avec laquelle ils appréhendent les Parisiens, je dois bien le dire.

Après ce petit déjeuner, et depuis le début de l'émission « Affaire conclue », nous organisons un bistrot-brocante ! Nina m'accompagne toujours. À 10 h 30, Éric et son épouse ouvrent la séance. J'anime des matinées où les gens viennent me présenter leurs objets. Je ne me prétends absolument pas expert, bien entendu. J'utilise simplement mon expérience et, souvent, j'encourage les gens à présenter leurs objets à l'émission, s'ils ont une petite valeur. Ils seront forcément mieux achetés là-bas qu'avec moi à Prémery. J'espère justement développer la vie de ce village, et je suis heureux de drainer de la population au cours de ces rencontres. Lors de l'« expertise », Nina anime avec moi. Lorsqu'un objet se présente, je suis toujours curieux. Il peut m'arriver, pour plaisanter, avec toutes les personnes présentes, de me demander si « ça sent la bûche ou le ball-trap ». Dans les deux cas, c'est mauvais signe. Mais il m'arrive surtout de découvrir de nombreuses pièces qui me plaisent. Il peut s'agir d'objets assez chers, voire très chers, comme d'élégants petits bronzes, de splendides vases Daum et Lalique, ou des céramiques de Nevers ou de Gien (c'est la région !). Mais je vois aussi des petits objets du quotidien, des traces atypiques de l'histoire, qui ne manquent pas de charme, bien au contraire. J'ai ainsi acheté plusieurs rasoirs des années 1920, mais aussi des culottes fendues du début du siècle, ou un petit flipper de bar. C'est ce qui est formidable : je vais de surprise en surprise. Gérard, l'ancien libraire du village est là, avec de nombreux habitués. J'ai aussi la grande chance de pouvoir bénéficier des conseils de Monique, brocanteuse à Vézelay, qui me dispense son précieux savoir. Nina est très intéressée, elle pose plein de questions sur l'utilité des objets, les matériaux dont ils sont faits, etc. Je me réjouis de voir qu'elle prend la relève. Elle passe du temps sur Internet et s'inspire des tendances déco ou cherche carrément à innover. Elle coud, elle fait de la poterie, elle coupe des manches de tee-shirt en lamelles, puis les tresse entre elles pour obtenir de savantes créations… Je suis fier du chemin qu'elle emprunte.

Quand nous rentrons à la maison, que nous sommes tous les trois, on regarde une série ou un film… comme toutes les familles. Le soir venu, Karine et moi nous retrouvons notre chambre avec ses deux commodes laquées noir, couvertes de livres sur l'économie ou l'architecture (pour moi) et sur le bien-être (pour elle). Deux énormes lampadaires chinois, blanc nacré, déploient leurs abat-jour intérieur or au-dessus du lit. En face de nous, une grande armoire italienne couleur sable épouse l'ensemble du mur. Au départ, nous répartissions nos vêtements à moitié-moitié ; au fil des années, il me reste un cinquième de l'espace. Si cette répartition est problématique pour les vêtements, elle ne l'est pas dans nos business. Pour l'ensemble de nos affaires, Karine et moi sommes toujours associés. Lorsque je vais au kiosque acheter *Challenges* (le *Pif Gadget* du quinqua), je lis attentivement les petites brèves, qui me donnent immédiatement du grain à moudre, et j'en parle souvent avec Karine. J'aime retenir les chiffres ou des nouvelles insolites, qu'il m'arrive de partager parfois sur le plateau d'« Affaire conclue » – comme le nom de la ville française où l'on consomme le plus de préservatifs : c'est Grenoble !

### Business couple

Karine et moi avons la chance de voyager ensemble pour notre travail et de mêler nos vies privée et professionnelle. Je me souviens d'un séjour en République tchèque, où j'allais à la pêche aux objets. Nous découvrons des vases des années 1940-1950, en porcelaine blanche façon biscuit. Karine en apprécie beaucoup les dessins, extrêmement délicats. Ils sont de toutes les tailles : des petits de dix à quinze centimètres jusqu'à des modèles de soixante centimètres, ils coûtent entre cinq et dix euros. Elle me dit qu'elle serait heureuse que l'on en prenne quelques-uns. Nous en choisissons une trentaine. Je les imagine déjà en boutique bien sûr, mais aussi à la campagne, dans des vitrines ou dans notre salle de bains sur des étagères ouvertes, où sont déjà exposés quelques pots en argent et des poudriers. Lorsque nous les disposons chez nous, c'est encore plus beau que prévu. Un jour, on en emporte plusieurs dans la petite boutique de Prémery. Les échanges de mobilier et d'objets sont permanents entre notre maison et la boutique. Même s'il semble ne pas exister de frontière entre notre vie et le business, nous avons bien sûr notre jardin secret. Je peux vous en dire quelque chose, parce que cette anecdote a pour point de départ mon objet fétiche, un dé de Kama-Sutra. Vous l'aurez compris, y sont gravées sur les six faces différentes positions sexuelles... Quand il nous arrive de nous disputer et que je veux faire descendre la pression, je lance le dé. Immanquablement, Karine me regarde comme si j'étais l'homme le plus bête qu'il lui ait été donné de connaître, mais, très vite, elle sourit. Nous sommes tous les deux d'accord : l'oreiller reste le meilleur moyen de se réconcilier. Heureusement, nous privilégions depuis toujours une communication franche.

Pour sa carrière, Karine multiplie les formations autour du bien-être et nous en profitons au sein de notre vie de couple. Ces formations sont aussi l'occasion de voyager ensemble, avec Nina. Et il nous arrive parfois de drôles d'aventures. Il y a peu, nous étions à Brighton, en Angleterre. Karine est en séminaire pour la journée, je me balade avec ma fille. Nous jouons dans une fête foraine à la machine qui décompte les paniers de basket que l'on met en un temps limité. Alors que je regarde nos scores respectifs, Nina se tourne vers moi et me dit qu'elle vient de trouver une bague. Si, l'espace d'un instant, on peut croire que c'est une bague fantaisie, je réalise bien vite qu'elle pourrait être en or. Je l'apporte à Alexandra sur le plateau d'« Affaire conclue », un jour de tournage. Elle me dit que c'est de l'or et du diamant. Et qu'elle a beaucoup de valeur. Je n'en dis rien à Nina, qui aime la porter de temps en temps. Mais, un jour où nous jouons au Frisbee dans le jardin, elle me regarde et me dit qu'elle n'a plus la bague. Je lui révèle alors la vérité. Elle devient folle ! Nous cherchons immédiatement dans les herbes aromatiques, juste à côté de nous. Rien. Et là, je pense à l'émission « Sauveurs de trésors », sur Discovery et fonce acheter un détecteur de métaux à la Maison de la détection – oui, ça existe ! Le vendeur, très sympathique, me conseille parfaitement. Nina se met tout de suite au travail. Et ça dure. Longtemps. Elle ne trouve pas la bague, mais elle exhume des vieux tubes de plomberie et des cartouches de chasse. Les jours passent, elle finit par tomber sur des boulons et des vieilles pièces de cinq francs, les mêmes que Mamika nous avait données, à mes frères et moi, il y a plus de quarante ans. Nous ne sommes que des passeurs. J'ai imaginé cette chasse aux œufs un peu particulière, et j'ai creusé, dans un périmètre précis, des trous peu profonds dans lesquels j'ai glissé les pièces. Ainsi, lorsque j'aurai disparu, mes enfants pourront en trouver de nouvelles. Dans mon testament, j'imagine même que je glisserai une carte au trésor. Nina, qui aura utilisé ce détecteur de métal toute son enfance, mènera l'expédition. Avec pour seules indications les coordonnées géographiques que j'aurai transmises, elle partira à la recherche du trésor de Rackham le Rouge… En attendant, Nina cherche toujours sa bague et le jardin arbore les traces de sa quête assidue. Elle ira au bout de la démarche, j'en suis sûr, peu importe le nombre de trous qu'elle devra creuser !

# XIII

## Un tank pour l'école

Après le début de mes aventures en forêt, je continue de voyager à travers le monde et à acheter, encore et toujours, pour alimenter ma boutique. Au fil des années, ma fièvre acheteuse ne cesse de grimper, degré par degré, pour atteindre des températures carrément bouillantes. En décembre 2015, je suis avec Karine à l'AccorHotels Arena, que j'appelle encore Bercy. Pour une raison qui m'a échappé, nous avons un désaccord et je feuillette, pendant le concert, le catalogue d'une vente de véhicules qui a lieu en Angleterre. Je sais que si je menais une vie plus conventionnelle, j'aurais craqué pour un gâteau ou pour un pantalon, mais moi, je craque pour… un tank. Je téléphone, je prends une enchère et c'est moi qui l'emporte ! Karine et moi nous réconcilions le soir même (elle suit, me dit-elle, le précepte de son grand-père : « Si tu ne comptes pas divorcer, ne te couche pas fâché avec ta femme ») et c'est tant mieux. Or, le lendemain matin, les soucis commencent.

## Tank en stock

On m'indique que je vais devoir aller le chercher, ce tank. Bon. Je sais que je peux compter sur Julien Blanquart, mon génial bras droit, qui a vingt-quatre ans à l'époque. Je lui expose la situation, l'air de rien : j'ai acheté un véhicule à Londres, il faut aller le chercher rapidement. Je lui dis aussi qu'il doit trouver un lieu pour le stocker, parce qu'on ne peut pas le laisser dans la rue. Ça y est, il sent que je lui cache quelque chose : « Comment ça, on ne peut pas le laisser dans la rue, c'est quoi, exactement, ton véhicule ? » Je dois bien me résoudre à lui dire que c'est un tank, mais qu'il se rassure, il n'est pas à chenilles, il a des roues en caoutchouc. D'autres m'auraient répondu que je suis complètement fou. Pas Julien, qui veut immédiatement voir la photo, complètement excité par cette aventure. Il s'interroge : comment le transporter jusqu'au bateau ? Par la route ? en camion ou en le pilotant ? Il va le piloter, il emmène un ami avec lui – il est sûr qu'il aura besoin de soutien. Lorsqu'ils arrivent sur place, on leur montre comment le démarrer, mais cela ne va pas être simple pour autant. En effet, lorsqu'on est à l'intérieur, la visibilité est incroyablement limitée – une simple ouverture de trente centimètres de large sur dix de haut. En échangeant par téléphone, nous avons une idée : l'un d'eux sera à l'intérieur et communiquera avec l'autre, qui le précédera dans sa voiture, par talkie-walkie.

Mais là aussi, problème, le bruit à l'intérieur est monstrueux ! Plein d'assurance, Julien dit qu'il va réussir à le faire rapatrier, quoi qu'il arrive. Ils roulent prudemment sur l'autoroute avec le tank et arrivent finalement au Shuttle, où ils se font arrêter par la police. Bien sûr, le véhicule est démilitarisé. Les policiers les arrêtent parce qu'ils veulent prendre des photos ! C'est bon, ils traversent la Manche, mais, arrivés en France, Julien m'appelle ; ils sont à une station essence, le tank a pris feu... Ils l'éteignent avec un extincteur, mais ce n'est pas fini, parce que le feu a endommagé une durite. Ils se rendent chez un concessionnaire de camions (qui a dû être surpris de découvrir cet engin sorti de nulle part) et doivent dormir sur place. Enfin, le lendemain matin, Julien pilote le véhicule jusque chez son père, en banlieue parisienne. Le tank sera utilisé pour plusieurs occasions, notamment dans le cadre de la Fashion Week : un véhicule de reconnaissance britannique Daimler Ferret, ça fait toujours son petit effet. Cela fonctionne aussi lorsque je me rends un jour au collège de Nina pour aller la chercher. Nous faisons un tour, puis Julien, qui m'est tant dévoué, se charge de le faire rentrer dans l'entrepôt. Un objet, cela peut véritablement avoir mille vies, mille usages.

Dans mon entrepôt, le tank rejoint l'un de mes premiers achats de folie. En 2011, avant même l'ouverture de ma première boutique, nous passons, avec Karine, au salon Maison et Objet, sur le stand d'Andrew Martin, l'un des plus fabuleux décorateurs anglais actuels. C'est alors que j'avise un superbe avion de chasse, un Albatros, qui sert de déco pour son stand. Je m'approche d'un vendeur pour lui demander combien cela coûte. En toute logique, il me donne le prix des canapés... Je le laisse dire puis je rétorque que moi, c'est l'avion qui m'intéresse. Karine me regarde, estomaquée. Être sur un stand de canapés et chercher à acquérir un avion, c'est sûr que ça n'est pas commun. Andrew, qui deviendra ensuite l'un de mes acheteurs, est appelé pour une affaire de cette importance. Oui, c'est très délicat à bouger, à mettre en place, donc, il est enclin à s'en débarrasser. On s'entend et, hop, je fais livrer l'engin en Normandie chez mon mécano. C'est costaud, ça a du potentiel. L'avion est scindé en trois : le premier tronçon, avec le cockpit et l'avant, est stocké dans un entrepôt et les deux autres sont déposés à l'extérieur. Mais ces derniers se font voler, probablement par des ferrailleurs. Vu ce qui reste, je me dis qu'on peut transformer le cockpit en une voiture, un peu comme les Ferrari de course des années 1930. On commence à faire des moulages, on envisage les essieux de camions sur lesquels on va poser le cockpit, mais nous ne parvenons finalement pas à trouver la bonne façon de réaliser ce projet. Ça peut arriver… Si un acheteur est intéressé, qu'il se manifeste !

## 3, rue Paul-Bert

Au-delà de ce ces deux cas exceptionnels, mes nombreux achats doivent trouver une nouvelle terre d'accueil, en plus des foires ponctuelles et de ma boutique du Marché Dauphine. Or la vie va me faire un superbe cadeau. En novembre 2016, au cœur des puces, dans le marché des Rosiers, le marché de la verrerie de luxe par excellence, où les Daum, les Lalique et les Gallé se vendaient allègrement dans les années 1980, au 3, rue Paul-Bert, le plus bel immeuble indépendant des puces ferme ses portes. La personne en charge de cet espace dépose le bilan. Le local fait six cents mètres carrés, j'y suis moi-même déjà allé une ou deux fois. Dès que l'information est rendue publique, tous les gros marchands des puces sont sur les rangs. Je suis le seul propriétaire de stand, le challenger face à ceux qui possèdent des boutiques. J'apprends ensuite que la mairie a des vues sur le local. Je crains de devoir faire une croix dessus. Malgré tout, comme j'ai pu le faire tant de fois de ma vie, je me dis que je ne perds rien à essayer de rencontrer la propriétaire.

J'obtiens ses coordonnées. Lorsque j'appelle pour solliciter un rendez-vous, je tombe sur une femme qui semble plutôt âgée. Je lui demande si quelque chose a été signé. Non, pas encore. Ni une ni deux, je me retrouve dans le XIVe arrondissement, au bas d'un immeuble. Je sonne, et c'est une voix de femme plus jeune qui répond. Je monte au cinquième étage et, lorsque la porte s'ouvre, la femme de mon âge s'exclame : « Tu es Julien ! Je suis Caroline, tu étais à mon mariage ! Tu étais sur la terrasse et tu as mangé une tonne de crevettes, mon mari s'en souvient. » Sa mère est la propriétaire du bien. Une telle coïncidence, c'est incroyable. Je me dis, à cet instant, que ça va le faire. *Ça va le faire*. On s'entend sur les conditions du bail qui nous satisferaient tous les deux. Je quitte ce rendez-vous plein d'optimisme. Et j'ai raison. J'emporte l'affaire, je suis le nouveau locataire – quel bonheur incroyable !

Au moment de mettre en place la décoration, j'entends la rumeur qui circule : c'est une jardinerie qui s'installe, visiblement. Nous avons effectivement disposé deux oliviers et un hêtre du Japon à l'extérieur, des articles de jardin, des bancs de jardin. Puis, tout le monde apprend que c'est Julien Cohen, le nouveau venu dans la brocante, qui a emporté le 3, rue Paul-Bert, je ne suis pas vu d'un très bon œil. *Comment a-t-il fait ?* Des jalousies font surface, mais certains viennent me saluer et m'adresser leurs compliments. Ils me disent que cela offre un nouveau regard sur la brocante.

Ce nouveau regard, je veux le reproduire à travers le monde, c'est-à-dire que je veux lancer la franchise de Mes Découvertes, dont je rêve depuis mes débuts. Les gros acheteurs d'objets sont internationaux, et mon rêve le plus fou est d'aller les chercher partout où ils sont. J'offrirai à tous mes collaborateurs, mon réseau, mon fonds d'objets et ils devront présenter notre marchandise avec *leur* personnalité. Il n'y a plus de barrière dans le monde de la brocante, comme cela pouvait encore être le cas à l'époque d'Enchereonline. Le métier a beaucoup évolué et il est possible maintenant pour tous de proposer sa version, si l'on peut dire, de ce qu'est la brocante. Il faut quelques prérequis pour commencer – ce que j'apporte à mes franchisés ; le reste, ça n'est que de la passion et du labeur. Je rêve de rencontrer des collaborateurs qui souhaitent changer de vie... Ils n'auront plus qu'à « faire leurs courses » dans notre dépôt géant de cinq mille mètres carrés. Après notre premier changement d'entrepôt, entre La Plaine-Saint-Denis et ses mille mètres carrés de marchandises et nos trois mille cinq cents mètres carrés bourguignons, nous avons dû basculer sur un nouvel entrepôt de cinq mille mètres carrés. Frédéric, l'homme de la situation, a géré ce transfert d'une main de maître. Si on peut compter sur Fred, tout est faisable en logistique ! C'est un as du *Tetris* (un jeu vidéo de puzzle), croyez-moi. Il m'offre une vision globale de mes stocks, à la fois dans mes boutiques, mes entrepôts, et, plus tard, pour « Affaire conclue » et « La Vie des objets ».

C'est une innovation, de franchiser la brocante. Je ne crois pas me tromper en disant que ce serait la première fois. Après avoir développé un réseau européen, je voudrais ensuite atteindre les États-Unis, comme nous avons espéré le faire à l'orée des années 2000. Bien sûr, si nous voyons très loin, l'Asie serait aussi un marché à investir… Nous pourrions comptabiliser une vingtaine de boutiques à travers le monde. Comme sur une malle de voyage, je pourrais apposer le nom des villes dans lesquelles serait présente la franchise de Mes Découvertes : Bruxelles, Berlin, Londres, Madrid, Ibiza, Shanghai, Hong Kong, Miami, New York. Je sais que je devrais acheter de plus en plus pour fournir ces boutiques, mais j'y suis prêt. Il est vrai que, dans notre métier, la difficulté, c'est de trouver de la marchandise de qualité. Ce n'est pas un souci pour moi, grâce à mes nombreux contacts en France, en Europe et à travers le monde. Ainsi, les objets transiteraient d'une boutique à l'autre, d'un pays à l'autre, en attendant d'être choisi par leur prochain propriétaire. Ces objets constitueraient évidemment l'ADN de Mes Découvertes, également inscrit dans le décor. En effet, les points de vente que je souhaite investir auraient la même identité architecturale – de grands espaces lumineux –, et seraient décorés dans le même esprit : bois, luminaires vintage, végétaux, cartes postales anciennes aux murs, et vendeurs et vendeuses en tablier de cuir… Ce sont quelques éléments de ma signature.

## Julien

J'aurais voulu, j'aurais rêvé que Julien, mon pilote de tank, représente Mes Découvertes à travers le monde. Mais Julien n'est plus là, il est mort en mars 2018. C'est en septembre 2014 que j'ai rencontré son père, un fou furieux d'objets, comme moi. Jean-Paul, mon vendeur de Dauphine, me dit qu'il a vendu une très belle lampe industrielle à un ancien du GIGN, qui a une fabuleuse collection d'objets. Mes quelques mois d'armée m'ont beaucoup marqué et je pratique encore le tir. Bien sûr, ça m'intéresse de le rencontrer, ce monsieur, et j'aime bien échanger avec d'autres amoureux de la broque. Il a passé une grosse commande chez nous, c'est moi qui m'occupe de la livraison. On discute des belles pièces qu'il possède et il a l'amabilité de me féliciter pour la déco de mes boutiques. Nous sommes de la même génération. J'avise des motos ; ce sont celles de son fils, Julien, qui les customise. Je trouve qu'elles sont très réussies. Cet homme me dit que le rêve de Julien serait de travailler dans le monde des objets. S'il est courageux, travailleur et qu'il a de l'humour, je suis preneur ! Qui sait, je pourrais en faire mon second ? Autant j'aime les seniors, autant je suis heureux de travailler avec des jeunes qui débordent d'énergie et d'idées. Nous travaillons vite ensemble, parce que Julien est tenté par l'aventure.

Julien est un beau gosse, mais il reste timide : c'est difficile pour lui de se comparer à son père, cet ancien du GIGN. On est toujours tétanisés face aux succès de nos parents parce que l'on ne veut pas faire moins bien qu'eux... Nous nous entendons très vite à merveille et il m'accompagne sur les foires. Dès que l'on part en Angleterre, nous nous retrouvons tous les trois, Fred, Julien et moi, et nous dormons dans le camion, que j'ai fait garnir de matelas gonflables, de couettes et d'oreillers. Lorsqu'on arrive sur notre foire, on dresse notre campement en écoutant un chanteur que Julien nous fait découvrir : Flavien Berger et sa chanson « La Fête noire », que nous fredonnons à tue-tête. Je veux que l'installation soit parfaite. Nous disposons du parquet (ce que ne propose aucun autre stand), notre éclairage et notre musique, et les plantes que j'ai achetées à la pépinière en arrivant.

Après de formidables mois passés à son côté, et un enrichissement mutuel, Julien monte sa société avec Nicolas, son copilote de tank en Angleterre, en septembre 2017. Je comprends tout à fait qu'il ait besoin de vivre sa propre expérience ; comme avec Jimmy chez ATV, j'espère qu'il reviendra. Nous continuons de toute façon à travailler ensemble, via son atelier de restauration et de transformation d'objets, et c'est formidable. Mais, en mars 2018, alors que je fais route vers la Nièvre avec ma femme et ma fille, je reçois un texto sur mon téléphone. Karine le découvre et me dit de m'arrêter, qu'il est arrivé un énorme malheur. Julien est mort dans un accident. Je m'arrête sur le bas-côté et je fonds en larmes. Karine et Nina se mettent à pleurer aussi. Julien était mon fils spirituel, il avait vingt-six ans, et un accident de voiture l'a fauché en pleine jeunesse. Je ne l'ai pas enlevé du trombinoscope de la société, et je ne le ferai jamais. Lors de ses funérailles, j'ai lu un texte qui commençait par ces mots : « Julien, c'est ton boss qui te parle… ». Julien me manque beaucoup et je *sais* qu'il aurait été l'avenir de la broque. Son père n'a pas fermé l'atelier de son fils, et il continue à acheter et à restaurer. Nous sommes toujours amis.

## Les Cinq de Dauphine

Je n'oublie pas Julien lorsque j'arpente les allées des puces. Je me balade, je vais voir mes camarades, avec qui je forme le groupe des Cinq de Dauphine. Ce groupe compte uniquement de super copains, tous bons vivants, dont, bien sûr, Hugues Cornière et Benoît Ramognino, qui sont à l'origine de mon installation ici. Éminent spécialiste de la hi-fi vintage, Hugues a été président du MAP, le Marché aux puces dans son ensemble, durant plusieurs années, jusque très récemment. Benoît, expert en design du XXe siècle, est celui qui a installé la soucoupe volante Futuro sur le marché, et le premier à avoir proposé des objets en plastique aux puces, il y a plus de trente ans. William Vonthron, le président de la CEFA (la Compagnie des experts français en antiquités), est l'un des plus grands spécialistes en luminaires. Il a toujours été le premier à défendre la qualité de ma marchandise. Quant à Patrick Guérin, avec qui l'on partage de superbes soirées en nous délectant des produits basques qu'il propose, il est spécialiste des objets américains, des années 1950 aux années 1990 : pompes à essence, flippers, juke-boxes, etc. Régulièrement, je prends du temps pour visiter en long, en large et en travers tous les marchés des puces. Cela me permet de sentir les tendances et de capter l'air du temps…

J'aime beaucoup découvrir les boutiques de mes amis, qui sont des piliers des puces de Saint-Ouen… Je pourrais leur consacrer un livre entier. Leur parcours et la diversité de leurs boutiques sont exemplaires et passionnants. Je continue aussi de chiner sur la foire de Chatou. Un jour, l'un de nos amis marchands y présente une maquette du Concorde aux dimensions proprement démesurées : cinq mètres sur deux ! Bien sûr, il n'est pas démontable. Notre ami propose également quatre superbes maquettes d'avions dans le même lot. C'est souvent le cas en broque, de vendre par lots. Le Concorde est sublime, mais il est vendu à un prix fou. Je le vois déjà dans ma boutique, suspendu au-dessus de l'entrée, ça serait grandiose. Je demande à notre ami quelle est sa meilleure offre : c'est cher, j'hésite. Karine me dit : « Tu n'as qu'une vie, fais-toi plaisir. » Alors je fonce. Je l'affiche ensuite en boutique au double de son prix. Je reçois quelques offres de Japonais, d'Américains, d'Australiens. C'est effectivement le symbole de la France. Je décline ces propositions, en deçà du prix que je me suis fixé ; je n'aurai jamais un deuxième objet de ce type, réalisé dans les années 1970 par un « amateur professionnel », si l'on peut dire, vu la beauté de la maquette. Un jour, un client achète de nombreux objets dans la boutique – il est à la tête d'une chaîne d'hôtels. Puis on discute du Concorde, il me demande quelle est ma meilleure offre. Il me propose alors un deal : il paie une partie du prix en euros, et l'autre partie en nuits d'hôtel. J'adore l'idée du troc. Alors je dis oui. Du coup, je peux, lorsque je me rends dans des foires internationales, être hébergé dans ses établissements… J'aime la possibilité d'offrir des services en fonction des besoins des uns et des autres, sans forcément en passer par la case argent…

Par ailleurs, au fil de ces années, je n'oublie pas d'assurer une autre mission que les objets nous encouragent à remplir : faire œuvre d'historien, voire d'archiviste. Je rêve par exemple des machines du musée Ford de Detroit, qui pèsent entre trente et cent tonnes, et qui servaient à produire les voitures dans les années 1920-1930. Comme lorsque j'étais petit à Frétigny, je reste très impressionné par ces machines immenses, qui sont de véritables témoignages de l'histoire industrielle qui nous a menés où nous en sommes aujourd'hui. En tout cas, je ne sais pas à quel âge je quitterai cette planète, mais j'espère que je mourrai en train d'acheter. Je rêve de succomber à une crise cardiaque le jour où le président français me vendra le centre Pompidou pour le recycler !

# XIV

## Une paire de lunettes bleues

Je commence à porter des lunettes à six ou sept ans mais… elles deviennent bleues en 2013, alors que je fréquente de plus en plus de marchés à l'international, après mon voyage en Inde. Je me dis que je dois trouver un « truc » qui me différencie, un signe distinctif, afin que les marchands me repèrent, parmi tous leurs clients professionnels, et se souviennent de moi. Je pense à mes lunettes de vue, que je porte quotidiennement. Je suis prêt à choisir un modèle un peu plus flashy que d'ordinaire. Je me rends chez un ami opticien mais je ne trouve rien qui me plaît vraiment. C'est alors que je remarque, sur son bureau, deux paires de lunettes empilées l'une sur l'autre : l'une jaune fluo et l'autre bleu électrique. C'est ce qu'il me faut ! Il s'agit de prototypes italiens, m'avertit mon ami opticien, ils ne vont pas être commercialisés en France : le fabricant se dit que cela ne fonctionnera jamais. Je veux les essayer, à commencer par la paire jaune, funky, puis la bleue. Et, telle Cendrillon qui enfile parfaitement son menu pied dans le splendide escarpin, je me regarde dans le miroir et me dis que j'ai trouvé ! Mon ami se met à rire et avoue qu'il trouve aussi qu'elles me vont super bien. Il ajoute : « Ce qui te va ne va pas aux autres. » Puis il les monte avec des verres à ma correction. Quand je rentre chez moi, Karine me lance, sans surprise : « C'est quoi ce truc de malade ? » Je lui réponds, pince-sans-rire, que ce sont mes nouvelles lunettes. Quitte à porter des montures, autant qu'elles claquent ! Si elle n'est pas convaincue au départ, elle le deviendra vite, heureusement. Pour la petite histoire, je me suis fait opérer de ma myopie lorsque j'avais quarante-trois ans. J'en ai pleuré, c'était un tel plaisir de voir enfin correctement sans l'aide de verres correcteurs mais, l'âge avançant, je dois me résoudre à en porter de nouveau... Je suis toutefois chanceux : si certains ont une tête à chapeau, je crois que j'ai une tête à lunettes ! Pour mes clients anglophones, je deviens *the guy with the blue glasses*.

## Castings aux puces

Si j'ai choisi ces lunettes pour mes contacts à l'international, je crois qu'elles m'ont aussi permis d'être identifié par d'autres interlocuteurs. En 2015, les casteurs de la chaîne 6ter arpentent les allées du marché aux puces de Saint-Ouen, et ils me le confieront plus tard, tombent instantanément amoureux de mon paquebot de la rue Paul-Bert – je le nomme ainsi parce qu'il me fait penser à un bateau, au vu de ses extraordinaires proportions. Ils sélectionnent les acheteurs qu'ils souhaitent aligner dans l'émission « Storage Wars ». Ce programme est une adaptation d'un programme américain à succès. Il s'agit pour les acheteurs professionnels d'enchérir sur des containers qui n'ont plus de propriétaire, et dont ils ne connaissent pas le contenu. Ou plutôt ils en savent très peu : le container est ouvert quelques instants et ils peuvent rapidement le parcourir du regard, sans y entrer. Toutefois, certains éléments sont souvent dissimulés dans des boxes, des cartons ou quelque autre caisse de transport. Ainsi, les acheteurs ne savent absolument pas à quoi s'attendre. Ils achètent de la marchandise quasiment à l'aveugle. Ils doivent activer leur intuition, mais aussi l'ensemble de leurs connaissances : s'ils voient dépasser une partie d'un objet, ils peuvent tenter de deviner de quoi il s'agit. C'est un pari, à n'en pas douter ! Je connais déjà l'émission, parce que je suis fan de Discovery Channel, la chaîne qui diffuse la version américaine.

J'accepte évidemment ce challenge. Nous tournons onze épisodes, une saison complète, en dix jours. Mes concurrents sont au nombre de cinq, en solo ou en duo. Nous avons tous des surnoms, je suis l'Expert ! L'un de mes camarades, Jean-Louis, en solo, est un besogneux, il valorise les petits objets pour des marchands qui travaillent en gros. De mes containers, je lui offre ce que je ne sais pas comment recycler ou traiter. Je sais que lui trouvera une solution. L'un des duos est composé de Jérémie et de sa sœur… Alexandra Morel ! Tout de suite, nous nous entendons très bien.

Nous avons eu, les uns les autres, de bonnes et de moins bonnes surprises. Alexandra et Jérémie parviennent à être les meilleurs enchérisseurs sur un container qui abrite quelques caisses de vins visibles, ainsi qu'une palette entourée d'un film plastique noir, dont on peut penser qu'elle abrite d'autres caisses de vins.

Ils découvrent avec effroi qu'il s'agit en fait de centaines de pulvérisateurs d'eau chinois, qui ne valent pas leur mise de départ. Comme je le fais maintenant dans « Affaire conclue », je pousse mes concurrents à dépenser plus, j'essaie d'assécher leur portefeuille. J'ai un gros coup de chance sur un container, car il contient une selle Hermès, très prisée, puis sur un autre, dans lequel je trouve une splendide boîte à musique. J'emporte aussi un container qui renferme au moins cent cinquante paires de chaussures de marque, lesquelles me rapportent douze mille euros, pour un investissement de... deux mille. Au terme des émissions, les calculs sont faits et l'on aligne les plus-values réalisées par chacun, c'est-à-dire l'écart entre les dépenses et les gains. Je me retrouve premier, avec une balance positive de 25 300 euros. Les résultats de mes cinq autres concurrents oscillent entre – 122 euros et 6 990 euros. Les deuxièmes au tableau, ce sont Alexandra et Jérémie !

Quelque temps auparavant, d'autres casteurs viennent me chercher pour « Patron Incognito », l'émission de M6, dont le principe est simple : un patron se retrouve incognito parmi ses employés. Ils savent qu'ATV est coté en Bourse, que nous avons plus de deux cents employés, nous serions de « bons clients ». À ce moment-là, je dirige ATV depuis près de vingt-cinq ans et je connais tous mes employés, j'échange avec eux au quotidien. Je dis à M6 que ce ne sera pas possible. Mes employés peuvent me démasquer, même maquillé, même grimé. Je sais aussi que mon caractère peut me jouer des tours : si je vois des employés mettre en péril l'image de la société, d'une part, mais surtout leur propre vie et celle des autres en conduisant comme il ne faut pas, je vais devenir fou...

Nous pensons alors à Karine, ce serait une première pour une femme ! Karine accepte, même si elle a plutôt tendance à rester dans l'ombre. Elle est entrée dans la société dix-sept ans après sa création, et tous les employés ne la connaissent pas forcément. Ceux que j'ai embauchés au fil des années ont pu ne pas la croiser ou simplement une fois, en passant. Nous avons tablé sur ces possibilités, et nous avons bien fait, parce que l'expérience s'avère très enrichissante. Elle vit en immersion pendant dix jours, on ne dort pas ensemble – pour nous, c'est embêtant. Nous nous parlons tous les soirs au téléphone, elle me débriefe sur ce qui s'est passé et comment elle vit l'aventure. Elle est épuisée et se couche très tôt, la vie de coursier est éreintante – nous n'en doutions pas, bien sûr. Elle se retrouve à conduire un camion, un scooter en plein Paris, ce qu'elle n'avait jamais fait ; elle s'est simplement entraînée pour éviter tout risque d'accident lors du tournage. Cette émission reste pour elle un excellent souvenir et M6 rediffuse régulièrement ce numéro. Du coup, lorsque « Storage Wars » est sur les écrans entre novembre 2015 et janvier 2016, Karine s'y retrouve aussi pour une nouvelle rediffusion et si l'on zappe d'une chaîne à l'autre, on peut nous voir tous les deux ! Même si les audiences ne sont pas véritablement au rendez-vous pour « Storage Wars » (6ter reste une chaîne assez confidentielle), je suis très heureux de cette expérience.

L'année suivante, au printemps 2017, des membres de la production de Warner Bros arpentent les allées des puces et viennent directement me chercher dans ma boutique rue Paul-Bert. Tous leurs sens sont en éveil, ils sont sous le charme. Ils me demandent simplement de me présenter, ainsi que la boutique. Certes, je suis ravi que d'autres émissions s'intéressent à moi, mais je veux en savoir plus. Lorsque l'on m'annonce qu'il s'agit d'une émission quotidienne, sur une chaîne nationale, il est sûr que mon attention est tout autre. Je tourne leur petite vidéo en boutique et, quelques jours après, je reçois un appel de Jean-Louis Blot, le président de la Warner et producteur de l'émission. On tombe d'accord et c'est parti !

## Pilote

Ce numéro zéro doit être mis en boîte pour être présenté à la chaîne. C'est Stéphane Bern qui en assure la présentation, Sophie Davant arrivera par la suite. Nous tournons dans les ateliers de Christofle, manufacture on ne peut plus reconnue des arts de la table à la française, que nous occupons toujours, mais le décor est tout à fait différent. Nous sommes présentés à Thomas, producteur exécutif, et à Vincent, l'autre moitié du duo. Leur expérience est très précieuse. Il faut savoir qu'« Affaire conclue » est issue d'une émission allemande diffusée depuis des années, dont l'ambiance ne ressemble pas vraiment à la nôtre. Ils sont plutôt dans la retenue. Je demande à nos producteurs si nous sommes libres de faire comme nous l'entendons. Ils me disent que je dois être moi-même, que c'est pour ça que nous avons été choisis. Or je suis d'une nature joueuse et, bien évidemment, nous partons immédiatement dans la fantaisie et la rigolade. Ce serait amusant que Pierre-Jean et moi participions un jour à une émission mixte, où notre côté latin contrasterait avec le côté rigoureux de nos collègues d'outre-Rhin.

Le premier objet est présenté, les enchères partent timidement. Au cours de ce pilote, j'achète une boîte à mouches en écaille de tortue (les mouches sont de petits ronds de tissu noir que les femmes de la Cour apposaient par coquetterie sur leur peau ou dans leur décolleté), je m'en souviens. Et nous n'avons plus qu'à attendre. Nous restons deux semaines sans réponse avant de recevoir un appel nous confirmant qu'« Affaire conclue » va voir le jour ! Les tournages commencent dans la foulée, à la fin du mois de juillet 2017. Nos vacances familiales sont chamboulées, mais c'est pour la bonne cause.

Mon premier achat est le moulage d'une arme d'un jeu vidéo – ce n'est pas vraiment ce que je vends dans ma boutique, mais c'est une façon de me jeter à l'eau. Et puis les numéros s'enchaînent et ne se ressemblent pas : tant d'objets passent entre nos mains et sous nos yeux, rares, surprenants, précieux, incongrus, mais aussi ordinaires et appréciables. Chaque journée de tournage met en jeu vingt-trois objets et vingt d'entre eux sont retenus, pour cinq émissions. Certains objets peuvent ne pas obtenir le pass délivré par Sophie pour entrer en salle des ventes après l'expertise – s'il s'agit d'un faux, par exemple, ou si le prix voulu par le vendeur est bien supérieur à celui annoncé par l'expert. Il peut aussi être décidé de ne pas diffuser une affaire non conclue :

cela fait partie du jeu, certes, mais ce n'est pas ce qui est le plus exaltant pour vous, les téléspectateurs ! Et c'est bien l'excitation que nous cherchons tous dans ce programme, au côté du divertissement et de la découverte…

Comme au backgammon, j'aime jouer avec les autres et avec moi-même. Pierre-Jean a un jour dit que je les pousse jusqu'à leurs limites. C'est aussi les miennes que j'essaie d'atteindre, et je sais qu'elles sont très hautes. C'est pour ça que j'aime avoir des partenaires aussi perchés que moi, avec du répondant. Comme pour le code, j'évalue un ensemble de paramètres, dont le « seuil de frayeur » de chacun de mes camarades enchérisseurs. Notre seuil à tous, dans le programme, peut être faussé : l'adrénaline est telle dans ces moments-là que l'on s'emporte souvent. Si je dois finalement laisser un objet à un concurrent, je ne le fais jamais de bonne grâce et je veille à monter les enchères pour qu'il l'emporte à un prix stratosphérique, bien au-delà de ce qu'il avait envisagé au départ.

Je suis un peu fou, je sais, mais c'est aussi le cas de mes collègues. La force de l'émission réside dans notre combinaison et, sans l'ensemble du groupe, « Affaire conclue » ne connaîtrait pas cette réussite. Aujourd'hui, il peut être délicat pour un nouveau ou une nouvelle venue de faire sa place au milieu d'une bande aussi soudée que la nôtre. Il faut trouver son propre ton, son propre rôle. Mais cela peut parfois fonctionner. Stéphane Vanhandenhoven, par exemple, a très bien su s'adapter. Il a un humour exceptionnel, j'ai la chance d'être son ami. C'est en partie grâce à son aide que j'ai pu ouvrir ma boutique en Belgique, à quelques pas de la sienne ! Nous ne nous voyons pas comme des concurrents. En plus de gérer sa boutique Apostrophe, il dirige un marché où plus de vingt-cinq professionnels se partagent les deux mille cinq cents mètres carrés qu'il leur loue – il est donc, très logiquement, connu comme le loup blanc des antiquités à Bruxelles.

Aussi étrange que cela puisse paraître, le secret de la bonne ambiance qui règne entre nous tous, c'est que l'on ne se ménage pas ! Si Anne-Catherine dit qu'elle veut acheter pour son fils ce grand bi (un vélo du XIXe siècle avec une grande roue à l'avant et une minuscule roue à l'arrière), mon premier réflexe est de lui dire d'appeler son fils pour lui annoncer qu'il n'aura pas de cadeau. Je surenchéris un maximum, j'emporte l'objet... puis je l'offre finalement à Anne-Catherine. En revanche, si Stéphane dit qu'il veut offrir un objet à Caroline ou à Alexandra, je l'achète, mais je ne le lui donne pas ! Cela dépend de la vie que l'on veut donner à l'objet : un temps pour les cadeaux, un temps pour le business.

J'aime aussi instaurer un rapport sympathique avec le vendeur de l'objet. Comme je dis toujours, une transaction est réussie si les deux parties sont contentes. Je m'amuse comme un gamin : cette émission est comme un parc d'attractions pour moi et j'ai toujours en tête l'idée que ça doit rester un spectacle. Je dois dire que je me retrouve parfois à acheter simplement parce qu'il me semble inconvenant de laisser partir tel ou tel objet à un prix si bas. Je suis heureux de le faire aussi dans le cadre de ventes caritatives, comme pour le Téléthon qui lève des fonds pour la recherche sur la thérapie génique,

Le Refuge, qui offre un abri aux jeunes victimes de LGBT-phobie, la Ligue contre le cancer et de nombreuses autres associations, ou encore plus simplement quand les vendeurs nous exposent les rêves qu'ils veulent accomplir avec le fruit de la transaction. Alexandra, comme moi, est très sensible à la situation des gens et n'hésite pas à acheter plus cher un objet afin d'aider comme elle le peut.

Nous sommes installés sur des chaises pendant plus d'une dizaine d'heures. Je dois avouer que l'on finit tous par avoir mal au dos, aux fesses, au cou. La production tente de nous offrir les meilleures assises possibles mais il est sûr que ce n'est pas simple ! L'exercice même d'être acheteur est un challenge, puisqu'il faut rester constant et offrir à chaque vendeur la même prestation. Malgré tout, il y a quelque chose de magique pour moi parce que, depuis le début de l'émission, mon plaisir est sans cesse renouvelé. Il prend des formes différentes, parce que l'émission me permet de m'intéresser à de nouveaux domaines, dont je ne connaissais rien ou pas grand-chose. J'essaie de me spécialiser chaque fois ; mes camarades me taquinent en disant que je me mets à empiéter sur leurs plates-bandes, dès lors que je développe une petite expertise. Je suis un buvard, je stocke l'information avant de la ressortir au moment opportun. J'aime aussi imaginer comment améliorer ce que l'on fait. Nous avons initié le serrage de mains comme la validation définitive de la vente – cela ajoute un suspense supplémentaire. Parfois, tous, nous poussons les enchères alors que nous ne désirons pas l'objet – c'est ma spécialité. Il n'y a pas une séquence où il n'y a pas un brin de folie, une chanson fredonnée. Nous sommes dans l'amusement permanent !

## Deux jours par semaine

L'émission prend une place très importante dans ma vie : nous tournons deux jours minimum par semaine, sans compter l'émission « La Vie des objets », qui suit le parcours d'un objet après notre achat dans « Affaire conclue », et qui nous mène donc chez nos artisans, et « La Chasse aux objets », au cours de laquelle deux acheteurs se rendent chez des particuliers pour les aider à choisir et à présenter les pièces qu'ils pourront ensuite proposer sur le plateau d'« Affaire conclue ». Nous sommes opérationnels dès 9 h 30, nous repartons vers 19 h 30-20 heures. C'est un exercice de « concentration spontanée » en quelque sorte. Je fais du Julien Cohen pendant dix heures, sans jamais me relâcher. C'est moi, bien sûr, mais lorsqu'on arrive au dix-septième objet de la journée et qu'il en reste encore six, on est parfois un peu à court de ressources. Mais nous savons que pour le vendeur en face, c'est sa seule et unique prestation, alors on donne tout ce que l'on a !

Lorsque je quitte le studio, j'appelle à la maison. Souvent, Karine est encore en consultation. Alors je demande à Nina de faire couler un bain à son papa. Lors des premiers mois de diffusion, quand notre fille rentrait, elle mettait immédiatement l'émission. Maintenant, elle est moins assidue, je peux comprendre, elle me voit en vrai à la maison, c'est bien suffisant. Mais ses copines sont toujours aussi étonnées de découvrir qui est le père de Nina. Dès que j'arrive, je m'immerge dans ma baignoire et je ferme les yeux. Mon esprit commence à se détendre, à se défaire de la pression de la journée – même si je repense bien vite à mes achats du jour.

Le lendemain, on recommence. C'est toujours un plaisir de croiser Sophie dès le matin. Elle commence plus tôt que nous et, dès qu'elle sort de sa loge après le maquillage, elle entre dans l'arène pour tourner les premières estimations avec les experts. Le début de notre tournage dépend d'elle. C'est une incroyable professionnelle : je l'accompagne parfois pour réaliser des séquences en extérieur, qui sont insérées en début d'émission. Elle lit une vingtaine de fiches puis, en quelques instants, elle les énonce toutes face caméra, avec seulement de légères variations qui apportent sa petite touche personnelle. Thomas m'a confié que si ce n'était pas Sophie, on y passerait trois heures. Elle a trente ans de télé, une combativité et une mémoire incroyables. Elle improvise souvent et son humour est toujours rafraîchissant. Nous animons la salle des acheteurs certes, mais comparé à Sophie c'est une rigolade ! Chapeau, bas, madame !

De la même façon, nous nous amusons comme de grands enfants sur les émissions spéciales, les « prime-time ». Au château de Méridon, un jeune homme nous avait proposé une Citroën C1 des années 1930. Immédiatement, j'ai repensé à la traction avant avec laquelle mon père avait emmené ma mère au cinéma pour la première fois (même si ce ne sont pas des voitures exactement similaires). Je m'imaginais déjà la conduire pour aller acheter mon pain, à la campagne ! J'ai réussi à l'emporter. Lors d'une deuxième émission, enregistrée au château de Cheverny, une vendeuse nous a carrément proposé la voiture de *Retour vers le futur*. C'était une émission un peu spéciale parce que Karine m'avait accompagné et, par amour, elle avait accepté d'apparaître à mes côtés ! Elle s'est fait maquiller et équiper, puis je lui ai demandé de se positionner dans le public, dans l'axe de la vendeuse – j'avais déjà en tête la séquence espérée. La voiture, la Dolorean, est fabuleuse, mais elle n'est pas si rare, il y en a quatre cents en vente à travers le monde au moment du tournage. Lorsque l'enchère commence, je dis : « Je t'aime » et, en quelques instants, je passe derrière la vendeuse pour... aller embrasser ma femme. Je lui demande si je peux faire une « magnifique connerie » et me faire plaisir. Elle me répond : « Fais comme d'habitude, fais comme tu veux. » Je fais monter l'enchère à trente-cinq mille euros, je suis prêt à acheter. La vendeuse veut quarante mille euros, pas moins. Je lui demande si elle n'aura pas de regrets, elle me remercie pour l'offre, mais elle estime qu'elle pourra vendre à son prix. Elle est professionnelle et je peux entendre son argument. C'est donc une « affaire non conclue ». Le film de Zeneckis est mythique, certes, mais même avec l'assentiment de ma femme, ce clin d'œil à trente-cinq mille euros ne valait probablement pas la peine. Il aurait rejoint mon tank et mon avion. Avec l'âge, j'apprends tout de même à réfréner mes coups de cœur un peu fous – la maturité, peut-être.

Mon amour de cette émission reste intact et pour plusieurs raisons. La première, c'est que je n'ai pas tout vu, que je n'aurai jamais tout vu. Lors d'un numéro d'« Affaire conclue », un vendeur nous a présenté un objet que personne ne connaissait. Que ce soit pour les cinq acheteurs ou les trois experts, cet objet était une intrigue. Nous apprendrons, plus tard, grâce à un téléspectateur, qu'il s'agit d'un « tape-habits », qui permet en fait d'ôter la poussière des vêtements, une fois que l'on est rentré chez soi. Nous sommes tous sur les enchères et c'est moi qui l'emporte. Pour le faire revivre, pour donner à d'autres le même plaisir de la découverte que celui que nous avons eu, je vais le faire dupliquer en quelques dizaines d'exemplaires. Ce peut être un très bel objet de décoration. À Paris, en province, en France, en Europe, à travers le monde, je trouverai toujours un objet inédit ! Si je me limitais à la France, ce serait d'ailleurs aussi le cas !

La deuxième raison de mon affection pour cette émission, c'est que je me réjouis toujours de croiser le chemin de certains objets que je connais par cœur. On a beau manger cent fois un gâteau au chocolat, des frites ou une soupe de potimarron, on se régale toujours autant. C'est pareil pour moi avec les cuivres, qu'il s'agisse de moules à gâteau ou de marmites : j'en ai vu des milliers, mais j'aime toujours autant la couleur de cette matière si chaleureuse. La troisième, c'est que je ne me lasse pas de retrouver le plaisir extraordinaire de l'adrénaline que nous procurent les enchères.

Enfin, les objets que l'on rencontre ne vont pas sans la personne qui nous les présente ou à qui on va les vendre. La plupart du temps, ce sont de très belles rencontres. Souvent, on apprend beaucoup des vendeurs lorsqu'ils nous exposent leurs motivations, leur histoire, leurs envies. Il arrive que l'objet soit entre leurs mains depuis trente ans ; parfois, ils ont grandi en le voyant chaque jour et ne parviennent plus à en apprécier la valeur. Nous, brocanteurs, offrons un deuxième regard à cet objet. Nous lui permettons de vivre de nouveau, mais aussi d'offrir une satisfaction à son futur propriétaire.

# XV

## Des objets… et des histoires !

« Affaire conclue » m'offre, depuis août 2017, un extraordinaire plaisir : je peux tout à la fois découvrir, toucher, soupeser, acheter, admirer, sentir des objets toute la journée, mais je peux aussi faire la connaissance de leur parcours et de celui de leur propriétaire. À mon âge, je sais, plus que jamais, que les chemins de vie sont infiniment multiples. Je sais que certains et certaines rencontrent des infortunes extrêmement douloureuses. Si ma santé ne m'a jamais fait défaut, mon parcours n'a pas été un électrocardiogramme plat non plus, ni côté perso, ni côté pro, il a même parfois été en dents de scie. Surtout, je sais que les obstacles qu'il m'a fallu surmonter sont en fait des étapes qui m'ont rendu plus fort, plus sensible, aussi. La rencontre avec Karine m'a conforté dans cette idée : prendre le temps de s'interroger sur qui on est, prendre la peine de se demander si l'on fait les bons choix, c'est aussi ce qui procure un sens à notre vie, ce qui donne de la valeur à ce que nous décidons de réaliser. Quand je rencontre nos vendeurs sur le plateau, je sais d'avance que je vais découvrir comment d'autres que moi ont su tracer leur route, alors même qu'elle n'était pas facile.

La diversité des gens qui viennent nous voir ne laisse pas de me réjouir. Nous avons un panel d'âges très large et cela me ravit, parce que cela nous permet d'entendre des récits qui couvrent plus d'un siècle – voire davantage ! Je ne suis pas étonné que des vendeurs de la génération de mes parents ou de la mienne viennent me voir, parce qu'on peut facilement supposer leur passion de la broque. En revanche, voir arriver des trentenaires ou des vingtenaires, c'est plus rare et c'est aussi très appréciable. Je leur dis souvent, en plaisantant, qu'ils ont compris le truc et qu'ils sont allés visiter la maison de leurs grands-parents pour se faire un peu de sous. Certes, plusieurs d'entre eux avouent sans complexe qu'ils n'aiment pas une pièce qu'ils ont reçue en héritage, mais nombre d'entre eux nous expliquent avec émotion ce que ce fauteuil ou ce vase signifie pour eux. Ils ont souvent une image nette et précise du décor de leur enfance, dans la maison de leurs aînés. Ils sont heureux de pouvoir mettre le projecteur sur un morceau irremplaçable de leur existence.

## Faites vos jeux !

Nos vendeurs nous offrent aussi de belles parties de jeu, et c'est aussi ce qui me fait plaisir. Quand un objet est trop volumineux, il est disposé dans la salle d'expertise. Un jour, lorsque nous arrivons, nous découvrons un jeu de basket de fête foraine, dont le but est évidemment de mettre le maximum de paniers. Avant même que nous n'imaginions quoi que ce soit, Sophie entre dans l'enchère. Ce que je ne sais pas, c'est que Sophie est une bonne basketteuse ! L'un de ses grands-pères a même œuvré au développement du minibasket dans les années 1960. Elle se propose de jouer pour le compte de l'acheteur, elle se rebaptise Micheline Jordan, en hommage au plus grand des basketteurs ! Nous nous mettons d'accord : chaque panier réussi par Sophie vaudra cent euros au vendeur. Elle a six ballons. Elle se place à quelques mètres du panier et lance le premier, avec une dextérité exemplaire. Panier validé ! Je commence à me dire que cela va peut-être me coûter plus cher que prévu… Je pensais acheter l'objet deux cents euros. Mais je vois Sophie qui met… les quatre premiers paniers ! Je dois intervenir. Je balance une petite vanne pour la distraire. Et elle manque les deux paniers suivants. Je sais, je sais… Mais, quand il s'agit d'enchères, tous les coups sont permis !

Souvent, au cours de la pause-déjeuner, nous jouons au backgammmon ! Et, comme lors de ma jeunesse, comme avec mes salariés d'ATV, nous jouons en camarades, pour de l'argent. Alexandra (qui est aussi une excellente joueuse de poker) et Caroline sont mes meilleures adversaires. Quand les techniciens passent sur le plateau pour régler les lumières, il leur arrive très souvent d'entendre nos cris de joie ou de déception sur un coup de dés. Je sais qu'il y a peu, j'ai réellement poussé un hurlement : j'ai réussi un tel jet de dés qu'Alexandra a dû abandonner la partie, incrédule face à ma chance. Du coup, souvent, lorsque l'après-midi de tournage commence, je sais que mon premier objet est partiellement payé par Alexandra ou par Caroline !

Nous pouvons aussi nous lancer dans une partie d'échecs. Nous nous sommes tous offert – c'est la seule fois où nous avons pu faire une enchère commune – le jeu d'échecs de Daniel Levi, chanteur réputé notamment pour son rôle au sein de la troupe des *Dix Commandements*. Pour le compte d'une association qui lutte contre le cancer, Daniel nous a présenté l'échiquier qu'il trimbale avec lui depuis des années, de concert en concert et de salle de spectacle en salle de spectacle. Je me suis dit qu'il devait être un bon joueur, après tant d'années de pratique. De mon côté, je joue très souvent : j'ai une petite application sur la page d'accueil de mon téléphone. Avant le début des enchères, je lui propose de jouer, on lance un *blitz*, c'est-à-dire une partie éclair. Lors de nos premiers mouvements, je vois qu'il n'est pas forcément Kasparov, certes, mais je comprends qu'il connaît le plaisir de jouer pour jouer, même si j'ai du mal à appréhender les choses ainsi. La production décide vite d'arrêter notre partie, nous ne sommes pas allés jusqu'à l'échec et mat – mais je crois bien que j'en étais très proche. Cette rencontre avec Daniel Levi a aussi été une intense émotion pour Alexandra. Lorsque Daniel, avant le début de la vente, nous a chanté « L'Envie d'aimer », elle a été bouleversée, parce que l'un de ses frères était gravement malade. Il est décédé depuis, et Alexandra sait combien je l'admire pour tout ce qu'elle a fait pour l'aider dans sa lutte contre la maladie. C'est une femme forte et généreuse, pour qui la famille compte plus que tout. Et la sensibilité qu'elle offre aux vendeurs, la douceur qu'elle nous montre à nous, ses camarades et amis, sont des qualités rares et tellement précieuses.

Mes collègues et moi sommes choyés par les vendeurs : nous avons la chance d'avoir chacun nos fans, qui se déplacent de loin pour nous voir. Ils viennent de France, de toutes ses régions, avec leurs accents chantants, mais aussi de Belgique, de Suisse, du Canada et d'autres pays encore ! La production offre aimablement les frais de déplacement des personnes, mais aussi de l'objet lui-même le cas échéant – parfois, ce n'est pas une mince affaire. Ils n'ont pas encore déplacé de tank, mais ils ont dû faire face à pas mal d'objets massifs, à commencer par la carriole de quatre mètres de long, achetée par Alexandra. Nous sommes toujours contents de voir les sourires des vendeurs sur notre plateau, qui nous disent parfois avoir attendu leur venue comme une sortie dans un parc d'attractions. Quelquefois, nous déjeunons ensemble, et c'est l'occasion d'aller plus loin dans nos échanges autour de notre passion commune.

Et puis, nous pouvons ensuite faire voyager leurs objets encore plus loin. Je me souviens d'un frigo de boucher, franchement massif. Comme c'est le cas pour les objets conséquents, il a été installé avant notre arrivée. Lorsque je le vois, je me dis que je serai seul à enchérir : il est très rare que mes camarades me suivent sur ce terrain-là. Je pense à mon armada de restaurateurs, à mes espaces de vente qui laissent de la place aux objets. Et puis, question logistique, j'ai un soutien de poids avec ma *dream team* d'ATV. Lorsque mes collègues découvrent le frigo, ils sont plutôt bouche bée tandis que je jubile intérieurement. Cet ancien boucher nous présente cette pièce restée dans la boutique qu'il a achetée plus de trente ans auparavant. Il nous annonce que le groupe de froid est en état de marche. Bingo ! C'est l'élément le plus difficile à restaurer. J'achète l'objet au prix de l'estimation et je me charge de faire livrer le frigo à mes deux brillants ébénistes, Manu et Boris. Je sais qu'il va leur falloir un boulot d'enfer pour le valoriser, alors je leur donne carte blanche. Quand je le découvre, je suis bluffé. Ils ont éclairci le meuble, puis l'ont poncé, lustré et poli. Il est resté deux semaines en boutique avant de partir pour le Massachusetts, accompagné de quelques beaux chaudrons anglais.

Mes enfants sont évidemment venus dans les studios de l'émission. Karine aussi s'est déplacée, par curiosité. Bien qu'elle ait accepté de tourner « Patron incognito », elle est discrète, et n'a pas hésité à dire qu'elle ne souhaitait pas dévoiler de photos de nos enfants lors de cette émission, contrairement aux autres participants. Elle voulait simplement visiter l'endroit où j'évoluais. Elle m'a suivi en plein maquillage, a découvert la fourmilière qu'est le plateau... Soixante-dix personnes et quinze caméras qui s'activent dans un ballet dont les mouvements s'enchaînent avec une précision d'horloger. Puis elle a pris place en régie. Lorsque nous nous sommes retrouvés, elle m'a, comme toujours, dit qu'elle était heureuse de me voir m'amuser autant. Les yeux brillants – comme toujours – elle m'a donné son avis, parce que nous sommes nos conseillers réciproques, c'est essentiel pour moi. Qu'elle surmonte sa réticence face à la caméra pour notre « prime-time » à Cheverny m'a véritablement touché.

J'aime aussi, bien sûr, quand les vendeurs parlent d'amour. Nous avons affaire à beaucoup de vendeurs ou de vendeuses qui cèdent des cadeaux offerts par un ancien amour ou des souvenirs d'une union heureuse. Je me souviens d'avoir été enchanté de rencontrer Louise Claire, la veuve de Roger Lanzac, de « La Piste aux étoiles » que nous aimions tant avec mes frères ! Quelle joie ! Madame est venue nous vendre l'un des habits de lumière de son mari. La veste bleue est incrustée de strass, son velours bleu passé est magnifique. Louise Claire évoque la mémoire de son époux, me rappelle, comme à beaucoup d'entre nous, l'enfance que nous avons passée à être ébahis devant le véritable spectacle du cirque que son cher et tendre animait avec tant d'enthousiasme. Nous parlons souvent d'arène pour les enchères – Roger Lanzac, lui, était véritablement au cœur de l'une d'elles. Je me permets d'ôter la veste du mannequin et je la mets sur mes épaules. Elle me plaît énormément et m'émeut finalement beaucoup. Pierre-Jean, de son côté, échange par téléphone avec des amis à lui. Une nouvelle fois, P.-J. et moi avançons de concert pour essayer d'acquérir cette splendide relique. Je la remporte à mille cinq cents euros, un prix qui va bien au-delà de sa valeur commerciale. J'ai accepté de la céder au musée privé d'un collectionneur d'objets du cirque, qui l'avait remarquée lors de l'émission – je n'ai pas réalisé de marge sur cette vente. J'espère que ce nouvel écrin pour la veste de Roger Lanzac fera plaisir à Louise Claire.

### Laisser le charme agir

Si la séduction est une composante essentielle des enchères, cela m'ennuie quand cela se fait à mes dépens...

À plusieurs reprises, alors qu'Alexandra, Anne-Catherine ou Caroline sont sur la même enchère que moi, le vendeur choisit de traiter avec elles plutôt qu'avec moi. Elles jouent souvent de leurs charmes et n'hésitent pas à promettre des bises à l'intéressé ! Bon, je l'ai dit, tout est permis, mais, à un moment donné, je dois réagir face à une concurrence si déloyale et, surtout, si efficace ! Je demande à mes producteurs adorés, Thomas et Vincent, de commander une belle perruque blonde et un rouge à lèvres très voyant. Ils sont eux aussi toujours partants pour des fantaisies vestimentaires : à Noël, des pulls 100 % cerfs, étoiles et sapins ont côtoyé des serre-tête rigolos… Une fois que j'ai mon attirail, je le cache devant moi, et j'attends de tomber sur le bon client. La journée se passe, mais je ne sens pas de feeling particulier pour me lancer dans l'idée que j'ai en tête. Il faut que je sois sûr. La semaine suivante, vers la fin d'après-midi, je vois un jeune homme, beau gosse, et là je me dis que ça pourrait le faire, pour peu que mes camarades féminines se mettent à le complimenter. Ça ne rate pas : Alex lui dit qu'il a de beaux yeux. C'est le moment ou jamais ! Je demande à tous de me laisser quelques instants, je leur annonce que je veux leur préparer quelque chose. Je me cache derrière notre « pupitre ». Je dois aller vite, alors je passe ma perruque et je m'applique le rouge à lèvres, qui bave, évidemment, je ne suis pas vraiment doué. Je « remonte à la surface », et tous découvrent « Cindy », mon alter ego féminin. Tous mes camarades sont sciés et nous rions de bon cœur. Je relance la discussion sur l'enchère en cours – c'est ce pour quoi je me suis déguisé, je ne l'oublie pas ! Alexandra est à trois cents euros, je suis à deux cent soixante-dix.

Eh bien, le vendeur salue ma prestation et accepte mon offre. Mes charmes auront fonctionné ! Je me dis simplement que l'équipe maquillage va rencontrer quelques difficultés à corriger mes excentricités. J'use parfois de mon charme masculin, mais que ma femme se rassure, les jeunes femmes avec qui j'agis ainsi ont quatre-vingts ans – l'une d'elles m'a même un jour glissé à l'oreille : « Je vous aime »…

Pourtant, j'ai déjà eu des coups de foudre sur l'émission, par exemple pour Suzon… un sublime buste de Rodin. C'est la première fois qu'un bronze de Rodin nous est proposé. Nous sommes tous aux aguets et parés pour commencer les enchères. Nous savons qu'elles vont s'envoler, que ça va coûter cher. Nous voulons tous nous l'offrir. Le vendeur a une carrure aussi impressionnante que le buste est délicat. Il est immense. J'en profite pour détendre l'atmosphère en lui demandant de nous défendre face aux assistants réalisateurs, aussi impressionnants que lui, qui nous donnent des ordres toute la journée. Ils entrent tous les deux dans le champ et nous prenons la pose tous ensemble… Mais les enchères doivent commencer, et elles grimpent très vite, comme prévu. Rapidement, nous nous retrouvons en tête en tête avec Pierre-Jean. Nous avons dépassé les cinq mille euros. Il n'est question ni de sa mère ni de ma femme. Nous le voulons tous les deux ! Je reste dans la course, me disant que, s'il doit l'emporter, il l'emportera très cher. Je serais tellement ravi d'avoir un Rodin ! J'estime que nous allons frôler les dix mille euros. Pierre-Jean enchérit alors à sept mille cent euros. Je demande au vendeur : « Monsieur, peut-on faire une affaire conclue à sept mille cinq cents euros ? » Et il me dit non, parce qu'il adore Pierre-Jean et il aimerait beaucoup que le bronze se retrouve au Palais... Je ne vais pas me déguiser en Pierre-Jean pour lui faire concurrence, tout de même. Bien que je sois très déçu, je félicite mon camarade, parce qu'il a fait une excellente affaire. Bravo à lui !

Il m'arrive certaines fois d'arriver avec un cœur bien gonflé, comme en F3, et de me retrouver à acheter douze objets sur la vingtaine présentée. Sinon, j'en suis à six ou sept sur une journée. Malgré tous ces achats, je connais aussi des déconvenues. Lors d'une émission, un homme qui a été pilote pour une grande compagnie aérienne nous présente deux kakemonos chinois achetés à Hong Kong. Déroulés sur des planches de bois, les deux énormes rouleaux sont sacrément beaux. Je n'ai aucune expérience sur le marché des œuvres asiatiques, qu'elles soient chinoises ou japonaises. Mais rien ne m'empêche de me renseigner rapidement sur Internet. C'est très décoratif et je sens que je peux faire quelque chose de ce splendide achat. Les rouleaux présentent deux dignitaires, un homme et une femme, qui peuvent sembler austères au premier abord mais dont les couleurs sont chatoyantes, soulignées par l'or. J'emporte l'enchère à quatre mille huit cents euros – preuve que nous sommes plusieurs à parier sur cet objet.

Je fais encadrer les kakemonos pour mille deux cents euros, afin de leur offrir un écrin à la hauteur. Je leur crée un bel espace en boutique mais, au bout de quatre mois, je n'ai reçu aucune offre. J'en reparle à Jérôme qui avait fait leur expertise lors de l'émission. Il organise bientôt une vente d'art asiatique à Mâcon, il est sûr, lui aussi, qu'ils peuvent partir à un bon prix. Je me rends sur place, suivi par les caméras de «La Vie des objets» qui vont assister, je le souhaite, à ma glorieuse victoire. J'espère les céder autour de douze ou quinze mille euros. Mais les enchères commencent assez bas. D'entrée de jeu, je me dis alors que nous n'atteindrons jamais les dix mille euros. Jérôme passe péniblement la barre des cinq mille et, à partir de ce moment-là, les enchères grimpent seulement de cent euros en cent euros. Les kakemonos sont adjugés à six mille euros. De dépit, j'en déchire le catalogue des ventes ! Même à mon âge, je reste la proie de mes émotions fortes. C'est aussi pour ça que j'aime tant les enchères... Je souris de loin à Jérôme et je pars, l'âme en peine. Je ne jetterai pas la pierre à mon ami Jérôme, qui est un grand professionnel, mais les aléas de la vente sont ce qu'ils sont.

Et, parfois, nous avons droit à de superbes surprises, comme de magnifiques mascarons en bronze, c'est-à-dire des masques, qui représentent ici les quatre saisons. La vendeuse nous apprend qu'ils viennent du Claridge, le superbe hôtel de la rue François-Ier. C'est elle qui était la décoratrice quand l'hôtel a subi un lifting complet. Les mascarons étaient exposés, depuis 1914, au-dessus des portes d'un salon du rez-de-chaussée. Ils ont une magnifique dorure moirée : nous sommes tous sur les enchères ! Je me dis que je vais en faire quelques séries de moulages, afin qu'ils soient accessibles à tous. Certains seront remplis en étain chromés, et d'autres en plâtre creux, et la série des quatre sera disponible dans des gammes différentes de prix, entre cinq cents et deux mille euros. Comme des cartes postales de tableaux sont disponibles au sortir des musées, l'idée est de rendre accessible le beau au plus grand nombre. Bien sûr, l'objet n'est pas signé, ni par un auteur ni par un fondeur. Du coup, nous sommes face à un objet de décoration, qui pourra aussi bien trouver sa place sur le pignon d'une maison que sur un mur intérieur. Cette technique de reproduction, que je réserve exclusivement aux objets déco, en toute transparence, permet également de faire vivre nos artisans, dont les merveilleuses compétences sont amenées à disparaître.

J'aime aussi les objets fantaisie, qui sont des feuilles blanches à partir desquelles je peux créer des éléments originaux. Un vendeur qui nous a déjà vendu des objets de l'univers forain nous présente une fois une voiture de manège. La voiture ne paie pas de mine, si ce n'est grâce à sa couleur violet pétant. C'est un exemple parfait de tout ce à quoi je m'emploie depuis tant d'années : optimiser un objet que j'ai entre les mains. Je vais la faire couper en deux dans le sens de la longueur. Chacun de ces morceaux sera transformé en luminaire mural, en étant fixé par son côté « tranché ». Je peux mettre à contribution tous mes artisans, qui vont de surprise en surprise avec mes idées. De commodes Boulle en voitures de manège, nous parcourons ensemble tous les possibles de leur métier.

Si, de mon côté, j'ai pu explorer toutes les facettes de mon parcours professionnel, c'est parce que j'ai pu compter sur ma femme, immanquablement. Il est extraordinaire pour moi d'avoir su, au quotidien, dans toutes les situations, face à tous les coups durs, qu'elle était là quoi qu'il arrive. Elle est celle qui m'a permis d'avancer, d'avoir confiance en ce que j'entreprenais. Selon moi, la réussite d'un homme est construite par l'amour de sa femme – et inversement.

Peu importe le métier que l'on exerce, les gens pour qui on le réalise, les gens avec qui on le pratique sont aussi, voire encore plus, importants. Comme j'aime le dire, pour l'émission, nous castons des objets, et non des gens. Pourtant, en début de journée de tournage, si je suis toujours aussi enthousiaste à l'idée de découvrir de nouveaux objets, les vendeurs sont aussi les surprises qui me donnent envie, chaque jour et pour longtemps, de participer à « Affaire conclue ». Cette émission m'a fait entamer, sur le chemin de mon existence, une nouvelle partie que je n'ai pas envie de voir se terminer. Je remets une pièce dans la machine, parce que, tant que c'est possible, il faut faire de la vie un jeu !

## *Remerciements*

Je remercie en premier lieu mon amour, ma femme, Karine, de supporter mes excès depuis plus de vingt ans. Je la remercie d'avoir su lutter contre vents et marées pour que notre couple soit ce qu'il est aujourd'hui.

Je remercie ma mère pour ses nombreuses remarques et son caractère, qui ont forgé le mien et mes réussites.

Je remercie mon père qui m'a communiqué sa folie et son sens aigu du business.

Je remercie mes enfants d'avoir su développer leur sens artistique et leur appétence au risque.

Je ne remercierai jamais assez Julien d'avoir participé à la naissance de Mes Découvertes et j'espère que, de là où il est, il me voit faire les bêtises que j'aurais aimé faire avec lui.

Je remercie Hugues Cornière et Benoît Ramognino d'être venus me chercher à la Foire de Chatou pour que je m'installe au Marché Dauphine.

Je remercie Jimmy Cornuche d'avoir porté à bout de bras À Toute Vitesse afin de me libérer du temps pour créer Mes Découvertes.

Je remercie Fred, Brigitte et Laurence de m'accompagner chaque jour dans l'aventure de Mes Découvertes.

Je remercie Jean-Louis, le big boss de la Warner, notre producteur, de m'avoir fait ajouter une nouvelle corde à mon arc – en souhaitant vivement que nous en développions d'autres (clin d'œil appuyé).

Je remercie Thomas et Vincent, nos producteurs exécutifs, de nous faire passer dans la joie et la bonne humeur des journées de tournage extraordinaires.

Je remercie Sophie et ses conseils avisés sur le monde de la télé, qui m'ont certainement évité quelques faux pas.

Enfin, je remercie nos téléspectateurs qui, chaque jour plus nombreux, nous font la démonstration de leur engouement à nous regarder faire les fous. Votre enthousiasme et votre soutien m'encouragent à donner le meilleur de moi-même.

Bien sûr, et pour terminer, je remercie d'avance les libraires pour leur accueil à travers la France et ailleurs !

# Table

*Affaire conclue !* .................................................... 9

I. Une pluie d'écussons ................................ 17
II. Un plaid *home made* ................................ 31
III. Des Semeuses par dizaines ......................... 47
IV. Une chance sur trente-six .......................... 59
V. Un imprimé panthère ................................ 73
VI. Motos, téléphones et coup de foudre .......... 85
VII. Un accident de quad décisif ........................ 99
VIII. Un hochet inattendu ................................ 115
IX. Train de vie ............................................. 127
X. Des chevaux de bois ................................... 141
XI. Une bibliothèque de bateau ......................... 155
XII. L'arbre aux abeilles ................................... 169
XIII. Un tank pour l'école ................................... 183
XIV. Une paire de lunettes bleues ........................ 195
XV. Des objets… et des histoires ! ...................... 211

*Remerciements* ........................................................ 225

La photocomposition de cet ouvrage
a été réalisée par
GRAPHIC HAINAUT
30, rue Pierre Mathieu
59410 Anzin

MIXTE
Papier issu de
sources responsables
FSC® C003309
FSC
www.fsc.org

L'Éditeur de cet ouvrage s'engage
pour la préservation de l'environnement
et utilise du papier issu de forêts gérées de manière responsable.

Imprimé en France par CPI
en mai 2019

N° d'édition : 58777/01 – N° d'impression : 3033843